Der Weg zu Wohlstand und Reichtum

AF205125

Der US-amerikanische Zirkuspionier und Politiker P h i n e a s T a y l o r   B a r n u m   begann seine Lehrzeit in kleinen Einzelhandelsgeschäften im Bundesstaat Connecticut. Schon als junger Mann führte er einen kleinen Laden in seiner Heimatstadt, verkaufte Lotterielose in mehreren Annahmestellen und gründete eine Zeitung. Nach seiner Heirat und dem Umzug nach New York wechselte er ins Schaustellergewerbe. Er stiftete viel Geld für verschiedene Forschungseinrichtungen, engagierte sich als Politiker im Kampf gegen die Sklaverei und gegen den Alkoholismus. Dem Tufts College in Medford, Massachusetts, stiftete er das Barnum Museum of Natural History.

Der Herausgeber Dipl.-Math. Klaus-Dieter Sedlacek studierte in Stuttgart neben Mathematik und Informatik auch Physik. Nach fünfundzwanzig Jahren Berufspraxis in der eigenen Firma widmet er sich nun seinen privaten Forschungsvorhaben und veröffentlicht die Ergebnisse in allgemein verständlicher Form. Darüber hinaus ist er der Herausgeber mehrerer Buchreihen unter anderem der Reihen 'Wissenschaftliche Bibliothek' und 'Wissen gemeinverständlich'.

P. T. Barnum

DER WEG ZU WOHLSTAND UND REICHTUM

Oder

GOLDENE REGELN FÜR DEN AUFBAU EINER SELBSTSTÄNDIGEN EXISTENZ

Aus dem Englischen von
Klaus-Dieter Sedlacek

Ratgeber Lebensführung Bd. 4

Bibliografische Information Der Deutschen Bibliothek:
Die Deutsche Bibliothek verzeichnet diese Publikation
in der Deutschen Nationalbibliografie; detaillierte
bibliografische Daten sind im Internet über
http://dnb.ddb.de
abrufbar.

Neuübersetzung

Coverdesign, Neuübersetzung, Satz in moderner Antiqua-Schrift
sowie Redigierung und sprachliche Fassung
in heutiger Rechtschreibung:
Klaus-Dieter Sedlacek
Internet: https://toppbook.de
© 2019
Herstellung und Verlag: BoD – Books on Demand, Norderstedt.
ISBN: 9783749496440

MIX
Papier aus verantwortungsvollen Quellen
Paper from responsible sources
FSC® C105338
FSC
www.fsc.org

Inhaltsverzeichnis

Inhaltsverzeichnis

VORWORT DES HERAUSGEBERS.

Dieser Ratgeber für den Aufbau einer selbständigen Existenz und den Weg zu Wohlstand und Reichtum ist schon im 19ten Jahrhundert entstanden. Doch wenn man ihn heute liest, erkennt man, dass er nichts von seiner Aktualität verloren hat. Selbstverständlich gab es zur damaligen Zeit noch keine Telekommunikation, sondern nur den Telegrafen und erst später kam das Telefon hinzu. Auch hatten die Menschen ein paar Gewohnheiten, die so heute nicht mehr üblich sind, wie etwa das Tabakkauen. Und schließlich war der Dollar zu der Zeit noch viel mehr wert als heute. Deshalb erscheinen uns die Dollarbeträge, die in diesem Text vorkommen, lächerlich gering. Zur damaligen Zeit waren es große Vermögen. Doch das sind alles nur Nebensächlichkeiten, die uns von den „goldenen Regeln" nicht ablenken sollten. Denn diese Regeln sind zeitlos gültig und sie sind das eigentlich Wertvolle, das uns Barnum hinterlassen hat.

Barnums anschauliche Sprache ist für jeden verständlich, auch ohne ein Wirtschaftsstudium. Als ich den ursprünglichen Text das erste mal zu lesen bekam, musste ich über die von ihm angeführten Beispiele immer wieder schmunzeln, so unterhaltsam und eingängig waren sie, dass ich die goldenen Regeln, die darin zum Ausdruck kommen, wohl nie mehr vergesse.

Damit die treuen Leser der von mir herausgegebenen Werke leichteren Zugang zu diesem wertvollen Schatz bekommen, habe ich gern die Mühe auf mich genommen, den englischen Text ins heutige Deutsch zu übertragen. Ich denke der Text wird nicht nur eine unterhaltsame Lektüre sein, sondern für einige meiner Leser ein sehr wertvoller Ratgeber für den eigenen Weg zu Wohlstand und Reichtum.

Stuttgart, im Herbst 2019

Der Herausgeber

EINFÜHRUNG.

In einem Land mit Wirtschaftswachstum ist es für Menschen bei guter Gesundheit überhaupt nicht schwierig, Geld zu verdienen. In einer prosperierenden Wirtschaft gibt es so viele Erfolgsmöglichkeiten, so viele Berufe, die nicht überfüllt sind, dass jeder, der zumindest vorerst bereit ist, eine sich anbietende respektable Tätigkeit auszuüben, eine lukrative Beschäftigung finden kann.

Diejenigen, die wirklich ihre Unabhängigkeit anstreben, müssen nur ihren Verstand darauf richten und die richtigen Mittel einsetzen, wie sie es bei jedem anderen Ziel tun, das sie erreichen wollen, und das ist einfach zu bewerkstelligen. Aber so einfach es auch sein mag, Geld zu verdienen, ich habe keinen Zweifel, dass viele meiner Leser mir zustimmen werden, dass es die schwierigste Sache der Welt ist, es zu behalten. Der Weg zum Reichtum ist, wie Dr. Franklin (Anm. d. Hrsg.: einer der Gründerväter der Vereinigten Staaten) wirklich sagt, "so klar wie der Weg zur Mühle". Es besteht einfach darin, **weniger auszugeben, als wir verdienen;** das scheint ein sehr einfaches Problem zu sein. Mr. Micawber, eine dieser glücklichen Schöpfungen der genialen Dickens, stellt das Argument in ein starkes Licht, wenn er sagt, dass wer bei einem Jahreseinkommen von zwanzig Pfund zwanzig Pfund und sechs Pence ausgibt, der erbärmlichste aller Menschen sein muss; während derjenige der bei einem Einkommen von zwanzig Pfund nur neunzehn Pfund und sechs Pence ausgibt, der glücklichste aller Sterblichen sein muss. Viele meiner Leser werden sagen: "Wir verstehen das: Das ist Wirtschaft, und wir wissen, dass Wirtschaft Wohlstand bedeutet; wir wissen, dass wir unseren Kuchen nicht essen und ihn gleichzeitig behalten können." Dennoch möchte ich sagen, dass in diesem Punkt vielleicht mehr Fehlerfälle auftauchen als in fast allen anderen. Tatsache ist, dass viele Menschen denken, sie verstehen, was Wirtschaft ist, obwohl sie es in Wirklichkeit nicht verstehen.

Wahre Wirtschaft wird falsch verstanden, und die Menschen gehen durchs Leben, ohne richtig zu verstehen, was dieses Prinzip ausmacht. Einer sagt: "Ich habe ein Einkommen von so und so viel, und hier ist mein Nachbar, der das Gleiche hat; doch jedes Jahr kommt er etwas mehr vorwärts und ich nicht; warum ist es so? Ich weiß alles über Wirtschaft." Er denkt, dass er das tut, aber das tut er nicht. Es gibt Menschen, die denken, dass die Wirtschaft darin besteht, Käsestückchen und Kerzenstummel zu sparen, zwei Pence von der Rechnung der Waschfrau abzuschneiden und alle möglichen kleinen, gemeinen und schmutzigen Dinge zu tun. **Wirtschaft ist keine Gemeinheit.** Das Unglück ist auch, dass diese Klasse von Menschen ihre Art Wirtschaft nur in eine Richtung anwendet. Sie denken, dass sie so wunderbar sparsam sind, wenn es darum geht, einen halben Pfennig zu sparen, wo sie zwei Pfennige ausgeben sollten. Sie denken, dass sie es sich deshalb leisten können, in andere Richtungen zu verschwenden. Vor Jahren, bevor Kerosinöl entdeckt oder erfunden wurde, konnte man in fast jedem Bauernhaus in den landwirtschaftlichen Gebieten über Nacht anhalten und ein sehr gutes Abendessen bekommen, aber wenn man nach dem Abendessen versuchte, im Wohnzimmer zu lesen, war es bei dem ineffizienten Licht einer Kerze unmöglich. Die Gastgeberin, die das Dilemma sah, würde sagen: "Es ist ziemlich schwierig, hier abends zu lesen; das Sprichwort besagt: "Man braucht ein Schiff auf See, um zwei Kerzen auf einmal brennen zu können;" wir haben nie eine zusätzliche Kerze, außer bei besonderen Gelegenheiten angezündet." Diese zusätzlichen Anlässe finden vielleicht zweimal im Jahr statt. Auf diese Weise spart die gute Frau in dieser Zeit fünf, sechs oder zehn Dollar ein: Aber die Informationen, die sich aus dem zusätzlichen Licht ergeben könnten, würden natürlich eine Tonne Kerzen weit überwiegen.

Aber der Ärger hört hier nicht auf. Da sie das Gefühl hat, dass sie mit den Talgstückchen so sparsam umgeht, denkt sie, dass sie es sich leisten kann, häufig ins Dorf zu gehen und zwanzig oder dreißig Dollar für Bänder und Pelzbesatz auszugeben, von denen das meiste nicht notwendig ist. Diese falsche Handlungsweise ist häufig bei Geschäftsleuten zu sehen, und hier läuft er oft auf

Schreibpapier hinaus. Man findet gute Geschäftsleute, die all die alten Umschläge und Abfallpapier aufbewahren und kein neues Blatt Papier zerreißen würden, wenn sie es vermeiden könnten. Das ist alles sehr gut; sie können auf diese Weise fünf oder zehn Dollar pro Jahr sparen, aber da sie so sparsam sind (allerdings nur beim Notizpapier!), denken sie, dass sie es sich leisten können, Zeit zu verschwenden, teure Partys zu feiern und luxuriöse Kutschen zu fahren. Dies ist ein Beispiel für Dr. Franklins "Rettung am Zapfhahn und Verschwendung am Spundloch"; "Pfennigklug **und talerdumm**". Wenn man von dieser Klasse Menschen spricht, sagt man: "Sie sind wie der Mann, der einen billigen Hering für das Abendessen seiner Familie gekauft und dann einen Bus und vier Wagen angeheuert hat, um ihn mit nach Hause zu nehmen.".Ich kannte nie einen Mann, der mit dieser Art von Wirtschaft erfolgreich war.

Wahre Wirtschaft besteht darin, dafür zu sorgen, dass das Einkommen immer die Kosten übersteigt. Trage die alte Kleidung bei Bedarf etwas länger; verzichte auf das neue Paar Handschuhe; flicke das alte Kleid: Lebe bei Bedarf von einfacherem Essen; sodass unter allen Umständen, falls sich kein unvorhergesehener Unfall ereignet, **ein Spielraum zugunsten des Einkommens** besteht. Ein Penny hier und ein Dollar dort, verzinst, sammelt sich weiter an, und auf diese Weise wird das gewünschte Ergebnis erzielt. Es erfordert vielleicht eine gewisse Ausbildung, um diese Art der Wirtschaft zu erreichen, aber wenn man sich einmal daran gewöhnt hat, wird man feststellen, dass rationales Sparen zu mehr Zufriedenheit führt als irrationales Ausgeben. Hier ist ein Rezept, das ich empfehle: Ich habe festgestellt, dass es ein ausgezeichnetes Mittel gegen Extravaganz und vor allem gegen Fehleinschätzungen der Wirtschaft ist: Wenn du feststellst, dass du am Ende des Jahres keinen Überschuss hast, obwohl du ein gutes Einkommen hast, rate ich dir, ein paar Blätter Papier zu nehmen, sie zu einem Buch zu formen und jeden Ausgabenposten zu notieren. Notiere die Ausgaben jeden Tag oder jede Woche in zwei Spalten, eine mit der Überschrift "Notwendigkeiten" oder gar "Komfort" und die andere mit der Überschrift "Luxus", und du wirst feststellen, dass die letzte Spalte doppelt, dreifach und häufig zehnmal größer als die erste sein wird. Der wahre Komfort des Lebens kostet nur einen kleinen Teil dessen, was die meisten von uns verdienen können. Dr. Franklin sagt: **"Es sind die Augen anderer und nicht unsere eigenen Augen, die uns ruinieren.** Wenn die ganze Welt außer mir blind wäre, würde ich mich nicht um schöne Kleidung oder Möbel kümmern." Es ist die Angst vor dem, was die spitzzüngige Frau Grundy (Frau eines bekannten Politikers) sagen mag, die die Nasen vieler würdiger Familien auf dem Schleifstein hält. In Amerika wiederholen viele Menschen gerne "wir sind alle frei und gleich", aber es ist ein großer Irrtum in mehr als einem Sinn.

Dass wir "frei und gleich" geboren werden, ist in gewisser Weise eine herrliche Wahrheit, aber wir sind nicht alle gleich reich geboren, und wir werden es nie sein. Man kann sagen: "Es gibt einen Mann, der ein Einkommen von fünfzigtausend Dollar pro Jahr hat, während ich nur tausend Dollar habe; ich kannte diesen Kerl, als er arm war wie ich; jetzt ist er reich und denkt, dass er besser ist als ich; ich werde ihm zeigen, dass ich so gut bin wie er; ich werde gehen und ein Pferd und einen Buggy kaufen; nein, ich kann das nicht tun, aber ich werde heute Nachmittag einen mieten und auf der gleichen Straße reiten, wie er es tut, und ihm so beweisen, dass ich so gut bin wie er es ist".

Mein Freund, du brauchst dir diese Mühe nicht zu machen; du kannst leicht beweisen, dass du "so gut bist wie er"; du musst dich nur so gut verhalten wie er; aber **du kannst niemanden glauben lassen, dass du so reich bist, wie er ist**. Außerdem, wenn du dieses Gebaren an den Tag legst, deine Zeit verschwendest und dein Geld ausgibst, wird deine arme Frau sich genötigt sehen, ihre Finger zu Hause wund zu arbeiten aber von ihrem Tee zwei Unzen mehr und von allem Anderen in einem Übermaß zu kaufen, damit du den "Schein" wahren, obwohl du schließlich niemanden täuschen kannst. Auf der anderen Seite wird Mrs. Smith sagen, dass ihre Nachbarin Herrn Johnson nur wegen seines Geldes geheiratet hat, und "jeder sagt das". Ihre Nachbarin hat einen schönen Tausend-Dollar-Schal aus Kamelhaar, und sie wird ihren Mann dazu bringen, ihr eine Imitation zu besorgen, und sie wird in der Kirche auf der

Kirchenbank direkt neben ihrer Nachbarin sitzen, um zu beweisen, dass sie ihr gleichwertig ist.

Meine gute Frau, du wirst in der Welt nicht weiterkommen, wenn deine Eitelkeit und dein Neid die Führung übernehmen. In diesem Land, in dem unserer Meinung nach die Mehrheit regieren sollte, ignorieren wir dieses Prinzip in Bezug auf die Mode, und lassen eine Handvoll Menschen, die sich selbst Aristokratie nennen, einen falschen Standard der Perfektion aufstellen, aber wenn wir selbst versuchen, diesen Standard zu erreichen, halten wir uns ständig für arm; vergeuden unser Leben um des äußeren Anscheins willen. Wie viel klüger ist es, ein "Gesetz für uns selbst" zu machen und zu sagen: "Wir werden **unsere Ausgaben durch unser Einkommen regeln** und etwas für einen regnerischen Tag zurücklegen." Die Menschen sollten beim Thema Geld genauso vernünftig sein wie bei jedem anderen Thema. Denn Ursachen erzeugen Wirkungen. Man kann kein Vermögen ansammeln, indem man den Weg geht, der zur Armut führt. Es braucht keinen Propheten, um uns zu sagen, dass diejenigen, die ihre Mittel voll ausschöpfen, ohne an eine Umkehr in diesem Leben zu denken, niemals die finanzielle Unabhängigkeit erlangen können.

Männer und Frauen, die es gewohnt sind, jeden Einfall und jede Laune zu befriedigen, werden es zunächst schwer haben, ihre verschiedenen unnötigen Ausgaben zu reduzieren, und werden es als eine große Selbstverleugnung empfinden, in einem kleineren Haus zu leben, als sie gewohnt sind, mit weniger teuren Möbeln, weniger Gesellschaft, weniger kostspieliger Kleidung, weniger Bediensteten, einer geringeren Anzahl von Bällen, Partys, Theaterbesuchen, Kutschfahrten, Ausflügen, Zigarrenrauch, Alkoholtrinken und anderen Extravaganzen; aber wenn sie den Plan ausprobieren, ein Guthaben anzuhäufen, d.h. eine kleine Geldsumme gegen Zinsen oder auch vernünftig in Land zu investieren, werden sie überrascht sein, dass es ihnen Spaß macht, ihren kleinen "Haufen" ständig zu erweitern, ebenso wie all die wirtschaftlichen Gewohnheiten, die auf diesem Weg entstehen.

Der alte Anzug und die alte Motorhaube und das alte Kleid werden für eine weitere Saison reichen; das Quellwasser schmeckt besser als Champagner; ein kaltes Bad und ein lebhafter Spaziergang werden sich als aufregender erweisen als eine Fahrt mit dem besten Bus; ein geselliges Gespräch, eine abendliche Lesung im Familienkreis oder eine Stunde Spiel wie "Jagd auf den Pantoffel" und "Blindenschwanz" wird weitaus angenehmer sein als eine fünfzig oder fünfhundert Dollar Party, wenn die Reflexion über den Kostenunterschied von denen eingeübt wird, die die Freuden des Sparens zu kennen beginnen. Tausende von Menschen mögen für arm gehalten werden, aber Zehntausende machen es dennoch so, nachdem sie genügend Geld erworben haben, um gut durchs Leben zu kommen, als Folge davon, dass sie ihre Einstellung, auf zu großem Fuß zu leben, abgelegt haben. Einige Familien geben zwanzigtausend Dollar pro Jahr aus, und einige sogar viel mehr, und sie würden kaum wissen, wie sie von weniger leben sollen, während andere häufig auf der Basis von einem zwanzigsten Teil dieses Betrags einen solideren Lebensgenuss erfahren. Wohlstand ist eine schwerere Tortur als sonstige Widrigkeiten, insbesondere plötzlicher Wohlstand. "Wie gewonnen, so zerronnen", ist ein altes und wahres Sprichwort. Der Geist des Stolzes und der Eitelkeit, wenn er die Erlaubnis bekommt, volle Macht zu erlangen, ist ein unsterbliches Krebsgeschwür, das an der Vitalität des weltlichen Besitzes eines Menschen nagt, sei er klein oder groß, betrage er Hunderte oder Millionen. Viele Menschen, wenn sie beginnen Erfolg zu haben, erweitern sofort ihre Wünsche und beginnen, Geld für Luxus auszugeben, bis in kurzer Zeit ihre Ausgaben ihr Einkommen verschlingen, und sie in ihren lächerlichen Versuchen, den Schein aufrechtzuerhalten und einen "positiven Eindruck" zu erzeugen, ruiniert werden.

Ich kenne einen Gentleman des Glücks, der sagt, dass, als er anfing, Erfolg zu haben, seine Frau ein neues und elegantes Sofa haben wollte. "Das Sofa", sagt er, "hat mich dreißigtausend Dollar gekostet!" Als das Sofa das Haus erreichte, wurde es für notwendig befunden, Stühle passend anzuschaffen; dann Sideboards, Teppiche und Tische "entsprechend", und so weiter durch den gesamten Möbelbestand; als schließlich festgestellt wurde, dass das Haus selbst ziemlich klein und altmodisch für die Möbel war, wurde ein neues gebaut, um den neuen Anschaffungen zu entsprechen; "so", fügte mein Freund hinzu, "fasste er einen Aufwand von dreißigtausend Dollar zusammen, der durch dieses einzelne Sofa verursacht wurde, und sattelt darauf, in Form von Dienern, Ausrüstung und den notwendigen Ausgaben, die mit der Aufrechterhaltung einer feinen "Einrichtung" verbunden sind, einen jährlichen Aufwand von elftausend Dollar und als Ergebnis davon: die Erkenntnis, dass wir vor zehn Jahren mit viel mehr echtem Komfort gelebt haben und mit viel weniger Sorge, wie wir jetzt so viele Hundert haben. Die Wahrheit ist", fuhr er fort, "dass das Sofa mich in den unvermeidlichen Bankrott geführt hätte, wenn mich nicht ein beispielloser Erfolg über Wasser gehalten und ich nicht den natürlichen Wunsch gehabt hätte, einen Strich zu ziehen".

Die Grundlage für den Erfolg im Leben ist die Gesundheit: Das ist die Basis des Vermögens; es ist auch die Grundlage des Glücks. Ein Mensch kann ein Vermögen nicht sehr gut ansammeln, wenn er krank ist. Er hat keinen Ehrgeiz, keinen Anreiz, keine Kraft. Natürlich gibt es diejenigen, die eine schlechte Gesundheit haben und nicht anders können: Man kann nicht erwarten, dass solche Menschen Reichtum anhäufen können, aber es gibt sehr viele in schlechter Gesundheit, die es nicht sein müssen.

Wenn also eine gute Gesundheit die Grundlage für Erfolg und Glück im Leben ist, wie wichtig ist es, dass wir die Gesetze der Gesundheit studieren, die nur ein anderer Ausdruck für die Gesetze der Natur sind! Je näher wir uns an die Naturgesetze halten, desto näher sind wir einer guten Gesundheit, und doch gibt es viele Menschen, die den Naturgesetzen keine Beachtung schenken, sie aber absolut übertreten, sogar gegen ihre eigene natürliche Neigung. Wir sollten wissen, dass die "Sünde der Unwissenheit" im Hinblick auf die Verletzung der Naturgesetze nie verziehen wird; ihre Verletzung führt immer zur Strafe. Ein Kind kann seinen Finger in die Flammen schieben, ohne zu wissen, dass er verbrennen wird, und so erleidet es Buße, wenn der Kluge es nicht aufhalten wird. Viele unserer Vorfahren wussten sehr wenig über das Prinzip der Belüftung. Sie wussten nicht viel über Sauerstoff, was auch immer ihnen sonst vielleicht bekannt war; und so bauten sie ihre Häuser mit kleinen 7 x 9 Fuß großen Schlafzimmern, und diese guten alten frommen Puritaner schlossen sich in einer dieser Zellen ein, sprachen ihre Gebete und gingen zu Bett. Am Morgen bedankten sie sich fromm für die "Erhaltung ihres Lebens" über Nacht, und niemand hatte besseren Grund, dankbar zu sein. Wahrscheinlich ein großer Riss im Fenster, oder in der Tür, ließ etwas frische Luft herein und rettete sie so.

Viele Menschen verletzen bewusst die Naturgesetze gegen ihre besseren Impulse, um der Mode willen. Zum Beispiel gibt es eine Sache, die nichts Abscheulicheres im Leben ist als ein Wurm, der niemals natürlich geliebt wurde, und das ist der Tabak; doch wie viele Menschen gibt es, die bewusst einen unnatürlichen Appetit trainieren und ihre implantierte Abneigung gegen Tabak überwinden, und zwar so weit, dass sie ihn lieben können. Sie haben ein giftiges, schmutziges Unkraut in die Finger bekommen, oder besser gesagt, es umklammert fest ihre Finger. Es sind verheiratete Männer, die herumlaufen und Tabaksaft auf den Teppich und den Boden spucken, und manchmal sogar auf ihre Frauen. Sie treten ihre Frauen nicht wie betrunkene Männer durch die Türen, aber ihre Frauen, daran zweifle ich nicht, wünschen sich oft, sie wären außerhalb des Hauses. Ein weiteres gefährliches Merkmal ist, dass dieser künstliche Appetit, wie die Eifersucht, "durch das wächst, wovon er sich ernährt";" wenn man das Unnatürliche liebt, wird ein stärkerer Appetit auf das Verletzliche geschaffen als der natürliche Wunsch nach dem Harmlosen. Es gibt ein altes Sprichwort, das besagt, dass "Gewohnheit die zweite Natur ist", aber eine künstliche Gewohnheit ist stärker als die Natur. Nehmen wir zum Beispiel einen alten Tabakkauer oder Raucher; seine Liebe zum Stück Kautabak ist stärker als seine Liebe zu einer bestimmten Art wohlschmeckender Nahrung. Er kann leichter auf Roastbeef verzichten, als auf das Gras.

Junge Burschen bedauern, dass sie keine Männer sind; sie möchten ins Bett gehen und als Männer aufwachen; und um dies zu erreichen, kopieren sie die schlechten Gewohnheiten ihrer

Älteren. Little Tommy und Johnny sehen ihre Väter oder Onkel eine Pfeife rauchen, und sie sagen: "Wenn ich das nur tun könnte, wäre ich auch ein Mann; Onkel John ist ausgegangen und hat seine Tabakpfeife zurückgelassen, lass es uns versuchen." Sie nehmen ein Streichholz, zünden es an und blasen es dann aus. "Wir werden lernen zu rauchen; gefällt es dir, Johnny?" Dieser Junge antwortet traurig: "Nicht sehr; es schmeckt bitter;" nach und nach wird er blass, aber er widersteht dem und er bringt bald ein Opfer auf dem Altar der Mode dar; aber die Jungen bleiben dabei und halten durch, bis sie endlich ihren natürlichen Appetit überwinden und Opfer erworbener Geschmäcker werden.

Ich spreche aus Erfahrung, denn ich habe seine Auswirkungen auf mich selbst bemerkt, nachdem ich so weit gegangen bin, zehn oder fünfzehn Zigarren pro Tag zu rauchen; wenn ich auch das Gras in den letzten vierzehn Jahren nicht benutzt habe und nie wieder rauchen werde. Je mehr ein Mann raucht, desto mehr sehnt er sich nach dem Rauchen; die letzte gerauchte Zigarre weckt einfach den Wunsch nach einer weiteren, und so weiter.

Nimm den Tabakkauer. Am Morgen, wenn er aufsteht, steckt er einen Priem in den Mund und hält es den ganzen Tag dort, nimmt es nie heraus, außer um ihn gegen einen frischen zu tauschen, oder wenn er essen wird; oh! ja, in Abständen am Tag und Abend nimmt so mancher Kauer den Priem heraus und hält ihn lange genug in der Hand, um etwas zu trinken, und dann steckt er ihn wieder zurück. Dies beweist nur, dass der Appetit auf Rum noch stärker ist als auf Tabak. Wenn der Tabakkauer zu deinem Landsitz kommt und du ihm dein Grapefruit- und Obsthaus und die Schönheiten deines Gartens zeigst, wenn du ihm frische, reife Früchte anbietest und sagst: "Mein Freund, ich habe hier die köstlichsten Äpfel und Birnen, Pfirsiche und Aprikosen; ich habe sie aus Spanien, Frankreich und Italien importiert - sehen Sie nur diese üppigen Trauben; es gibt nichts Köstlicheres und Gesünderes als reife Früchte, also bedienen Sie sich selbst; ich möchte sehen, wie Sie sich an diesen Dingen erfreuen;" er wird den lieben Priem unter seiner Zunge rollen und antworten: "Nein, ich danke Ihnen, ich habe Tabak in meinem Mund." Sein

Gaumen ist durch das schädliche Unkraut narkotisiert worden, und er hat in hohem Maße den zarten und beneidenswerten Geschmack der Früchte verloren. Das zeigt, in welche teuren, nutzlosen und schädlichen Gewohnheiten Männer geraten. Ich spreche aus Erfahrung. Ich habe geraucht, bis ich wie ein Espenblatt zitterte, das Blut stieg zu meinem Kopf, und ich hatte Herzklopfen, von dem ich dachte, es sei eine Herzkrankheit, bis ich fast vor Schreck getötet wurde. Als ich meinen Arzt konsultierte, sagte er: "Brechen Sie den Tabakkonsum ab." Ich habe nicht nur meine Gesundheit verletzt und viel Geld ausgegeben, sondern auch ein schlechtes Beispiel abgegeben. Ich gehorchte seinem Rat. Kein junger Mann auf der Welt sah jemals so schön aus, wie er zu sein glaubte, hinter einer fünfzehnten Zigarre oder einer Meerschaumpfeife!

Diese Bemerkungen gelten mit zehnfacher Kraft für den Gebrauch von berauschenden Getränken. Um Geld zu verdienen, braucht man ein klares Gehirn. Ein Mann muss sehen, dass aus zwei und zwei vier werden; er muss alle seine Pläne mit Besinnung und Voraussicht legen und alle Details und Besonderheiten des Geschäfts genau untersuchen. Kein Mensch kann im Geschäft erfolgreich sein, es sei denn, er hat ein Gehirn, das es ihm ermöglicht, Pläne aufzustellen, und ihm einen Grund gibt, der ihn bei ihrer Ausführung leitet. Aber es ist für ihn unmöglich, erfolgreich Geschäfte zu tätigen, egal wie großzügig ein Mann mit Intelligenz gesegnet sein mag, wenn das Gehirn verwirrt ist und sein Urteil durch berauschende Getränke verzerrt wird. Wie viele gute Gelegenheiten sind verstrichen, und kehren nie wieder, während ein Mann mit seinem Freund ein "soziales Glas" trank! Wie viele dumme Geschäfte wurden unter dem Einfluss des benebelten "Nervensystems" gemacht, das seinem Opfer vorübergehend vorgaukelt es sei reich. Wie viele wichtige Chancen wurden auf morgen und dann für immer verschoben, weil der Weinbecher das Nervensystem in einen Zustand der Erschöpfung versetzt und die für den Geschäftserfolg so wichtigen Energien neutralisiert hat. Wahrlich, "Wein ist ein Spötter." Die Verwendung von berauschenden Getränken zum Durstlöschen ist ebenso eine Sucht wie das Rauchen von Opium durch die Chinesen im 19.

Jahrhundert, und Erstere ist für den Erfolg des Geschäftsmannes ebenso schädlich wie Letztere. Es ist ein ungemildertes Übel, das im Lichte der Philosophie, der Religion oder des guten Willens völlig unvertretbar ist. Es ist die Mutter fast aller anderen Übel.

VERWECHSLE NICHT DEINE BERUFUNG.

Der sicherste und erfolgreichste Plan für den jungen Mann, der sein Leben beginnt, ist die Auswahl des Berufs, der seiner Neigung am besten entspricht. Eltern und Erziehungsberechtigte sind in dieser Hinsicht oft zu nachlässig. Es ist sehr verbreitet, dass ein Vater zum Beispiel sagt: "Ich habe fünf Jungs. Ich werde Billy zu einem Geistlichen, John zu einem Anwalt, Tom zu einem Arzt und Dick zu einem Bauern machen." Dann geht er in die Stadt und sieht nach, was er mit Sammy machen wird. Er kehrt nach Hause zurück und sagt: "Sammy, ich sehe, dass die Uhrenherstellung ein schönes Geschäft ist; ich denke, ich werde dich zum Goldschmied machen." Er tut dies, unabhängig von Sams natürlichen Neigungen oder seiner natürlichen Begabung.

Wir sind zweifellos alle für einen weisen Zweck geboren. Es gibt so viel Vielfalt in unserem Gehirn wie in unseren Gesichtsausdrücken. Einige sind geborene Mechaniker, während andere eine große Abneigung gegen Maschinen haben. Lassen Sie ein Dutzend Jungen von zehn Jahren zusammenkommen, und Sie werden bald feststellen, dass zwei oder drei ein geniales Gerät "basteln", das mit Schlössern oder kompliziertem Getriebe arbeitet. Als sie fünf Jahre alt waren, konnte ihr Vater kein Spielzeug mehr finden, um ihnen wie ihr erstes Puzzle zu gefallen. Sie sind natürliche Mechaniker; aber die anderen acht oder neun Jungen haben unterschiedliche Fähigkeiten. Ich gehöre zur letztgenannten Klasse; ich hatte nie die geringste Liebe zum Mechanismus; im Gegenteil, ich habe eine Art Abscheu vor komplizierten Maschinen. Ich hatte nie genug Einfallsreichtum, um einen Apfelmosthahn zu schneiden, damit er nicht ausläuft. Ich konnte nie einen Stift herstellen, mit dem ich schreiben konnte, oder das Prinzip einer Dampfmaschine verstehen. Wenn ein Mann einen solchen Jungen wie mich nehmen und versuchen würde, einen Uhrmacher aus ihm zu machen, könnte der Junge nach einer Lehre von fünf oder sieben Jahren in der Lage sein, eine Uhr auseinanderzunehmen und zusammenzubauen; aber während des ganzen Lebens würde er den Hügel hinaufarbeiten und jede Ausrede dafür ergreifen, seine Arbeit aufzugeben und seine Zeit zu verschwenden. Die Uhrmacherei ist abstoßend für ihn.

Wenn ein Mensch nicht in die Berufung eintritt, die von Natur aus für ihn bestimmt und seiner besonderen Begabung am besten entspricht, kann er nicht erfolgreich sein. Ich bin froh zu glauben, dass die meisten Menschen ihren richtigen Beruf finden. Doch wir sehen viele, die ihre Berufung verwechselt haben, vom Schmied aufwärts (oder abwärts) bis zum Geistlichen. Sie werden zum Beispiel diesen außergewöhnlichen Linguisten sehen, den "gelernten Schmied", der hätte Sprachlehrer sein sollen; und Sie haben vielleicht Anwälte, Ärzte und Geistliche gesehen, die von Natur aus besser für den Amboss oder den Klopfstein geeignet wären.

WÄHLE DEN RICHTIGEN STANDORT AUS.

Nach der Wahl der richtigen Berufung musst du darauf achten, den richtigen Standort auszuwählen. Du wurdest vielleicht dazu bestimmt ein Hotelier zu werden, und man sagt, dass es eine Begabung braucht, um "zu wissen, wie man ein Hotel führt". Du kannst ein Hotel wie eine Uhr führen und jeden Tag fünfhundert Gäste zufriedenstellend versorgen; wenn du jedoch dein Haus in einem kleinen Dorf ohne Bahnverbindung oder öffentliche Verkehrsmittel aufbauen wolltest, wäre der Ort dein Ruin. Ebenso wichtig ist es, dass du dein Geschäft nicht dort aufnimmst, wo es bereits genug gibt, um alle Anforderungen in der gleichen Sparte zu erfüllen. Ich erinnere mich an einen Fall, der dieses Thema veranschaulicht. Als ich 1858 in London war, passierte ich den Stadtteil Holborn mit einem englischen Freund und kam zu den "Penny-Shows". Man hatte draußen riesige Cartoons aufgestellt, die die wunderbaren Kuriositäten darstellen, die man "alles für einen Cent" sehen kann. Da ich selbst ein wenig in der "Show-Sparte" zu Hause war, sagte ich: "Lass uns hier reingehen." Wir befanden uns bald in Anwesenheit des berühmten Schaustellers, und er erwies sich als der schärfste Mann in dieser Branche, den ich je getroffen hatte. Er erzählte uns einige außergewöhnliche Geschichten über seine bärtigen Damen, seine Albinos und seine Gürteltiere, die wir kaum glauben konnten, aber ich hielt es für "besser zu glauben, als auf den Beweis zu achten". Er bettelte schließlich darum, unsere Aufmerksamkeit auf eine Wachsstatue zu lenken, und zeigte uns viele der schmutzigsten und lausigsten Wachsfiguren, die man sich vorstellen kann. Sie sahen aus, als hätten sie seit der Sintflut kein Wasser mehr gesehen.

"Was ist so wunderbar an dieser Statue?", fragte ich.

"Ich bitte Sie, nicht so satirisch zu sprechen", antwortete er, "Sir, das sind nicht die Wachsfiguren von Frau Tussaud, die alle mit Gold- und Flitter- und Imitationsdiamanten bedeckt und von Gravuren und Fotos kopiert wurden. Meine, Sir, wurden aus dem

Leben gegriffen. Wann immer man auf eine dieser Figuren schaut, kann man denken, dass man auf das lebende Individuum sieht."

Als ich sie beiläufig anstarrte, sah ich eine mit der Aufschrift "Heinrich VIII." und fühlte mich ein wenig neugierig, als ich sah, dass es wie Calvin Edson, das lebende Skelett, aussah, sagte ich: "Nennst du das Henry den Achten?" Er antwortete: "Sicher, Sir, er wurde auf besonderen Befehl seiner Majestät in Hampton Court aus dem Leben genommen, an einem solchen Tag."

Er hätte mir die Stunde des Tages gegeben, wenn ich mich widersetzt hätte; ich sagte: "Jeder weiß, dass Heinrich VIII. ein großer, kräftiger alter König war, und diese Gestalt ist schlank und rank; was sagst du dazu?"

"Warum", antwortete er, "du wärst auch schlank und schlaff, wenn du so lange da sitzen würdest, wie er es getan hat."

Es gab keinen Widerstand gegen solche Argumente. Ich sagte zu meinem englischen Freund: "Lasst uns rausgehen; sagt ihm nicht, wer ich bin; ich zeige die weiße Feder; er schlägt mich."

Er folgte uns zur Tür, und als er den Pöbel auf der Straße sah, rief er: "Meine Damen und Herren, ich bitte Sie, Ihre Aufmerksamkeit auf den respektablen Charakter meiner Besucher zu lenken", und zeigte auf uns, als wir weggingen. Ich rief ihn ein paar Tage später an, erzählte ihm, wer ich bin und sagte:

"Mein Freund, du bist ein ausgezeichneter Schausteller, aber du hast einen schlechten Ort gewählt."

Er antwortete: "Das ist wahr, Sir; ich fühle, dass all meine Talente weggeworfen werden; aber was kann ich tun?"

"Du kannst nach Amerika gehen", antwortete ich. "Du kannst deine Fähigkeiten dort drüben voll entfalten; du wirst viel Bewegungsfreiheit in Amerika finden; ich werde dich für zwei Jahre engagieren; danach kannst du auf eigene Faust gehen."

Er nahm mein Angebot an und blieb zwei Jahre in meinem New Yorker Museum. Dann ging er nach New Orleans und führte im Sommer ein reisendes Showgeschäft. Heute ist sein Besitz sechzigtausend Dollar wert, nur weil er den richtigen Beruf gewählt und auch den richtigen Standort gesichert hat. Das alte Sprichwort besagt: "Drei Ortswechsel sind so schlimm wie ein Feuer", aber wenn ein Mann im Feuer ist, spielt es nur eine geringe Rolle, wie schnell oder wie oft er den Ort wechselt.

VERMEIDE SCHULDEN.

Junge Männer, die im Leben beginnen, sollten es vermeiden, sich zu verschulden. Es gibt kaum etwas, das eine Person wie Schulden nach unten zieht. Es ist eine sklavische Lage hineinzugeraten, aber wir finden so manchen jungen Mann, kaum außerhalb seines "Teenageralters", der in Schulden steckt. Er trifft einen Freund und sagt: "Sieh dir das an: Ich bin vertrauenswürdig und habe zum Erwerb eines neuen Anzugs ein Zahlungsziel bekommen." Er scheint die Kleidung als Ursache dafür zu sehen, dass ihm dafür so ein großes Zahlungsziel eingeräumt wurde; nun, das ist es oft, aber wenn es ihm gelingt, seine Schuld zurückzuzahlen und dann wieder kreditwürdig zu werden, nimmt er eine Gewohnheit an, die ihn während seines Lebens in Armut hält. Schulden rauben einem Mann seine Selbstachtung und lassen ihn fast sich selbst verachten. Grunzen und Stöhnen und Arbeiten für das, was er gegessen oder abgenutzt hat, und jetzt, wenn er zur Zahlung aufgefordert wird, hat er nichts vorzuweisen für sein Geld; das wird zu Recht als "Arbeiten für ein totes Pferd" bezeichnet. Ich spreche nicht von Händlern, die auf Kredit kaufen und verkaufen, oder von denen, die auf Kredit kaufen, um den Kauf zu einem Gewinn zu machen. Der alte Quäker sagte zu seinem Bauernsohn: "John, lass dir nie ein Zahlungsziel einräumen; aber wenn dir eines aufgedrängt wird, dann lass es für "Dünger" sein, denn das wird dir helfen, deine Schuld zu begleichen".

Herr Beecher riet jungen Männern, sich zu verschulden, wenn sie zu einem kleinen Betrag Land in den ländlichen Gebieten kaufen konnten. "Wenn ein junger Mann", sagt er, "sich nur für ein Stück Land verschuldet und dann heiratet, werden diese beiden Dinge auf die Reihe gebracht, oder es wird nichts daraus." Dies mag in begrenztem Umfang richtig sein, aber Schulden zu machen für das, was man isst und trinkt und anzieht, ist zu vermeiden. Einige Familien haben die törichte Angewohnheit, in "den Geschäften" Kredite aufzunehmen und so häufig Dinge zu kaufen, auf die man möglicherweise verzichten kann.

Man kann sehr gut zu sagen: "Ich habe sechzig Tage Zahlungsziel, und wenn ich dann das Geld nicht habe, wird der Gläubiger sich nicht daran erinnern." Es gibt keine Klasse von Menschen auf der Welt, die so gute Erinnerungen haben wie Gläubiger. Wenn die sechzig Tage abgelaufen sind, musst du bezahlen. Wenn du nicht bezahlst, wirst du dein Versprechen brechen und wahrscheinlich auf eine Lüge zurückgreifen. Du kannst eine Ausrede finden oder woanders in Schulden geraten, um sie zu zurückzuzahlen, aber das lässt dich nur tiefer in die Misere hineingeraten.

Ein gut aussehender, fauler junger Mann war der Lehrling Horatio. Sein Arbeitgeber sagte: "Horatio, hast du jemals eine Schnecke gesehen?" "Ich denke, ich habe es", sagte er schleppend. "Du musst sie getroffen haben, denn ich bin sicher, dass du nie eine überholt hast", sagte der "Chef". Dein Gläubiger wird dich treffen oder dich überholen und sagen: "Nun, mein junger Freund, du hast zugestimmt, mich zu bezahlen; du hast es nicht getan, du musst mir deine Unterschrift unter einen Schuldschein geben." Du gibst deine Unterschrift unter den Schuldschein und über Zinsen und diese beginnen, gegen dich zu arbeiten: "Es ist wie ein totes Pferd, du hast nichts davon." Der Gläubiger geht nachts ins Bett und wacht morgens besser auf als beim Schlafengehen, weil sein Zinsguthaben in der Nacht zugenommen hat, aber du wirst ärmer, während du schläfst, denn die Zinsen sammeln sich gegen dich an.

Geld ist in gewisser Hinsicht wie Feuer; es ist ein sehr guter Diener, aber ein schrecklicher Meister. Wenn du es hast, macht es dich zum Herrscher; wenn dagegen die Zinsen sich ständig gegen dich ansammeln, wird das dich in der schlimmsten Form der Sklaverei niederhalten. Aber lasst Geld für euch arbeiten, und ihr habt den ergebensten Diener der Welt! Es ist kein "Diener, der dir von den Augen abliest". Aber es gibt nichts Lebendiges oder Unbelebtes, das so treu funktioniert wie Geld, wenn es gegen Zinsen, gut gesichert, platziert wird. Es funktioniert Tag und Nacht, bei nassem oder trockenem Wetter.

Ich wurde im Staat Connecticut geboren, wo die alten Puritaner Gesetze machten, die so starr waren, dass man sagte:

"Sie haben einen Mann bestraft, weil er seine Frau am Sonntag geküsst hat." Doch diese reichen alten Puritaner hatten Tausende von Dollar gegen Zinsen ausgeliehen, und am Samstagabend waren sie um einen bestimmten Betrag reicher; am Sonntag gingen sie zur Kirche und erfüllten alle Pflichten eines Christen. Wenn sie am Montagmorgen aufwachten, würden sie sich wesentlich reicher fühlen als am Samstagabend zuvor, nur weil ihr verzinstes Geld den ganzen Sonntag lang für sie gearbeitet hatte, und das gemäß dem Gesetz!

Lass es nicht gegen dich arbeiten; wenn du das tust, gibt es keine Chance auf Erfolg im Leben, was das Geld betrifft. John Randolph, der exzentrische Virginier, rief einst im Kongress aus: "Herr Sprecher, ich habe den Stein der Weisen entdeckt: ,Pay as you go'." (Anm. d. Hrsg.: Pay-as-you-go steht für das Bezahlen von in Anspruch genommenen Leistungen. Heute hauptsächlich verwendet im Telekommunikationsbereich). Dies ist in der Tat näher am Stein der Weisen, als es jeder Alchimist je zuvor war.

SEI AUSDAUERND.

Wenn ein Mensch auf dem richtigen Weg ist, muss er ausdauernd sein. Ich spreche davon, weil es einige Menschen gibt, die "müde geboren" werden; natürlich faul und ohne Eigenständigkeit und ohne Ausdauer. Aber sie können diese Eigenschaften kultivieren, wie Davy Crockett sagte:

"An diese Sache erinnere dich, wenn ich tot bin. Sei sicher, dass du auf dem richtigen Weg bist, dann mach weiter."

Es ist dieses Vorwärtsstreben, diese Entschlossenheit, die den "Schrecken" oder die "Depression" nicht von dir Besitz ergreifen lassen, damit du deine Energien, die du pflegen musst, im Kampf um die Unabhängigkeit einsetzen kannst.

Wie viele haben das Ziel ihres Einsatzes fast erreicht, aber durch den Verlust des Vertrauens in sich selbst haben sie ihre Energien verloren, und der goldene Preis ist für immer verloren.

Es ist zweifellos oft wahr, was Shakespeare sagt:

"Es gibt eine Wellenbewegung in den Angelegenheiten der Menschen, die, von der Flut ergriffen, sie zum Glück führt."

Wenn du zögerst, wird sich eine mutigere Hand vor dir ausstrecken und den Preis erhalten. Denke an das Sprichwort Salomos: "Derjenige wird arm, der mit einer schlaffen Hand zu tun hat; aber die Hand der Fleißigen macht reich."

Ausdauer ist manchmal nur ein anderes Wort für Selbstständigkeit. Viele Menschen schauen natürlich auf die dunkle Seite des Lebens und bekommen Ärger. Sie sind so geboren. Dann bitten sie um Rat, und sie werden von dem einem Wind regiert und von einem anderen weggeblasen und können sich nicht auf sich selbst verlassen. Bevor du dich nicht auf dich selbst verlassen kannst, kannst du nicht erwarten, dass du erfolgreich sein wirst.

Ich habe persönlich Männer gekannt, die mit finanziellen Rückschlägen konfrontiert waren, und absolut Selbstmord begangen haben, weil sie dachten, sie könnten ihr Unglück nie überwinden. Aber ich kenne andere, die in ernsthaftere finanzielle Schwierigkeiten geraten sind und sie durch einfache Beharrlichkeit überbrückt haben, unterstützt von dem festen Glauben, dass sie es richtig gemacht haben und dass die Vorsehung das Böse mit dem Guten "überwinden" würde. Du wirst dies in jedem Lebensbereich finden.

Nimm zwei Generäle; beide verstehen militärische Taktiken, beide in West Point ausgebildet, wenn du willst, beide gleich begabt; doch der eine, der dieses Prinzip der Ausdauer hat und der andere, dem es fehlt, wird in seinem Beruf erfolgreich sein, während der zweite scheitern wird. Man kann den Schrei hören: "Der Feind kommt, und sie haben eine Kanone."

"Hast du eine Kanone?", sagt der zögerliche General.

"Ja."

"Dann halte jeden Mann auf."

Er will Zeit zum Nachdenken; sein Zögern ist sein Untergang; der Feind geht unbehelligt vorbei oder überwältigt ihn; während andererseits der General des Zupackens, der Ausdauer und des Selbstvertrauens, mit einem Willen in den Kampf zieht, und inmitten des Waffenkampfes, des Feuerns der Kanonen, der Schreie der Verwundeten und des Stöhnens der Sterbenden, wirst du sehen, wie dieser Mann beharrlich weitermacht und sich mit unerschütterlicher Entschlossenheit durchsetzt und seine Soldaten zu Taten der Stärke, des Mutes und des Triumphes inspiriert.

WAS AUCH IMMER DU TUST, MACH ES MIT ALL DEINER KRAFT.

Arbeite daran, wenn nötig, früh und spät, in der Saison und außerhalb der Saison, ohne einen Stein unberührt zu lassen und ohne das eine einzige Stunde aufzuschieben, was genauso gut jetzt gemacht werden kann. Das alte Sprichwort ist voll Wahrheit und Bedeutung: **"Was immer es wert ist, überhaupt getan zu werden, ist es wert, gut getan zu werden."** So mancher Mensch erwirbt ein Vermögen, indem er sein Geschäft gründlich betreibt, während sein Nachbar ein Leben lang arm bleibt, weil er es nur zur Hälfte tut. **Ehrgeiz, Energie, Fleiß, Ausdauer sind unverzichtbare Voraussetzungen für den Erfolg im Unternehmen oder im Beruf.**

Das Glück begünstigt immer die Mutigen und hilft nie einem Menschen, der sich nicht selbst hilft. Es reicht nicht, seine Zeit wie Mr. Micawber (Anm. d. Hrsg.: Wilkins Micawber ist Angestellter in Charles Dickens' Roman David Copperfield von 1850) damit zu verbringen, darauf zu warten, dass etwas "auftaucht". Für solche Männer taucht in der Regel eines von zwei Dingen "auf": das Armenhaus oder das Gefängnis; denn Müßiggang erzeugt schlechte Gewohnheiten und kleidet einen Mann in Lumpen. Der arme verschwenderische Sozialkritiker sagt zu einem reichen Mann:

"Ich habe entdeckt, dass es auf der Welt genug Geld für uns alle gibt, wenn es nur gleichmäßig verteilt wäre; das muss also getan werden, und wir werden alle zusammen glücklich sein."

"Aber", lautete die Antwort, **"wenn alle so wären wie du, würde dein Geld in zwei Monaten ausgegeben sein, und was würdest du dann tun?"**

"Oh! Nochmals teilen; natürlich weiter teilen!"

Vor Kurzem las ich in einer Londoner Zeitung einen Bericht über einen ähnlichen philosophischen Armen, der aus einer billigen Pension geworfen wurde, weil er seine Rechnung nicht bezahlen konnte, aber er hatte eine Papierrolle, die aus seiner Manteltasche ragte, was sich nach Prüfung als sein Plan erwies, die Staatsschulden Englands zu streichen, ohne einen Penny dafür aufzuwenden.

Die Leute müssen tun, was Cromwell sagte: "Vertraue nicht nur der Vorsehung, sondern halte das Pulver trocken." **Erledige deinen Teil der Arbeit, sonst kannst du nicht erfolgreich sein.** Als Mohammed eines Nachts in der Wüste lagerte, hörte er die Bemerkung eines seiner müde gewordenen Anhänger: "Ich werde mein Kamel losbinden und es Gott anvertrauen!" "Nein, nein, so geht das nicht", sagte der Prophet, "bindet eure Kamele fest und vertraut sie dann erst Gott an!" Tut alles, was ihr könnt, für euch selbst und vertraut dann der Vorsehung, dem Glück, oder wie auch immer ihr es nennen wollt, für den Rest.

VERLASS DICH AUF DEINE EIGENEN PERSÖNLICHEN ANSTRENGUNGEN.

Das Auge des Arbeitgebers ist oft mehr wert als die Hände von einem Dutzend Mitarbeitern. In der Natur der Sache kann ein Angestellter seinem Arbeitgeber nicht so treu sein wie sich selbst. Viele Arbeitgeber werden sich an Fälle erinnern, in denen die besten Arbeitnehmer wichtige Punkte übersehen haben, die ihrer eigenen Beobachtung als Eigentümer nicht entgangen sein konnten. Kein Mensch hat ein Recht zu erwarten, dass er im Leben erfolgreich ist, wenn er sein Geschäft nicht versteht, und niemand kann sein Geschäft gründlich verstehen, wenn er es nicht durch persönlichen Einsatz und Erfahrung lernt. Ein Mann kann ein Hersteller sein: Er muss die vielen Details seines Geschäfts persönlich kennenlernen; er wird jeden Tag etwas lernen, und er wird feststellen, dass er fast jeden Tag Fehler machen wird. Und gerade diese Fehler sind ihm hilfreich im Sinne von Erfahrungen, wenn er sie nur beachtet. Er wird wie der amerikanische Blechhändler sein, der, nachdem er beim Kauf seiner Ware hinsichtlich der Qualität betrogen wurde, sagte: "In Ordnung, es gibt jeden Tag ein paar Informationen zu sammeln; auf diese Weise werde ich nie wieder betrogen werden." So gewinnt ein Mann seine Erfahrung, und es ist die beste Art, wenn diese nicht mit einem allzu hohen Preis erkauft wird.

Ich bin der Meinung, dass jeder Mann, wie Cuvier, der französische Naturforscher, seine Arbeit genau kennen sollte. Er war so versiert in der Erforschung der Naturgeschichte, dass man ihm den Knochen oder sogar den Teil eines Knochens von einem Tier bringen konnte, das er noch nie beschrieben hatte, und er konnte, aus Analogiegründen, ein Bild von dem Objekt zeichnen, von dem der Knochen genommen worden war. Bei einer Gelegenheit versuchten seine Schüler, ihn zu täuschen. Sie rollten einen Hufknochen in ein Kuhfell und legten es als neues Exemplar unter den Tisch des Professors. Als der Philosoph in den Raum kam, fragten ihn einige der Studenten, welches Tier es sei. Plötzlich schien das Tier zu sagen: "Ich bin der Teufel und ich werde dich fressen." Es war nur natürlich, dass Cuvier den Wunsch hatte, diese Kreatur zu klassifizieren und sie aufmerksam zu untersuchen. Er sagte:

"Geteilter Huf und Fleischfresser. Das geht nicht!"

Er wusste, dass ein Tier mit gespaltenem Huf von Gras und Getreide oder einer anderen Art von Vegetation leben muss und nicht geneigt sein würde, Fleisch zu fressen, weder tot noch lebendig, also war er sich vollkommen sicher. Der Besitz der perfekten Kenntnis deines Unternehmens ist eine absolute Notwendigkeit, um den Erfolg zu sichern.

Zu den Maximen des älteren Rothschild gehörte ein offensichtliches Paradoxon: "Sei vorsichtig und mutig." Das scheint ein Widerspruch zu sein, aber das ist es nicht, und in der Maxime steckt große Weisheit. Es ist in der Tat eine verkürzte Aussage zu dem, was ich bereits gesagt habe. Es heißt: "Du musst Vorsicht walten lassen, wenn du deine Pläne schmiedest, aber mutig sein, wenn du sie ausführst." Ein Mann, der immer nur alle Vorsicht walten lässt, wird es nie wagen, sich zu behaupten, um erfolgreich zu sein; und ein Mann, der nur Mut hat, ist nur rücksichtslos und muss schließlich scheitern. Ein Mann kann mit einem einzigen Vorgang fünfzig oder hunderttausend Dollar bei Spekulationen in Aktien verdienen. Aber wenn er ohne Vorsicht nur durch Kühnheit handelt, ist es bloßer Zufall, und was er heute gewinnt, wird er morgen verlieren. Du musst sowohl die Vorsicht als auch die Kühnheit haben, um den Erfolg zu sichern.

Die Rothschilds haben noch eine andere Maxime: "Habe nie etwas mit einem unglücklichen Mann oder Ort zu tun." Das heißt, nie etwas mit einem Menschen oder einem Ort zu tun haben, der nie erfolgreich ist, denn obwohl ein Mensch ehrlich und intelligent zu sein scheint, wenn er aber dieses oder jenes Ding ausprobiert und immer scheitert, ist es wegen eines Fehlers oder einer Gebrechens, das man vielleicht nicht entdecken kann, das aber dennoch existieren muss.

So etwas wie andauerndes Glück gibt es auf der Welt nicht. Es gab nie einen Mann, der morgens hinausgehen und eine Geldbörse voller Gold auf der Straße finden konnte, heute und morgen, und so weiter, Tag für Tag: Er kann dies einmal in seinem Leben tun; aber was bloßes Glück betrifft, ist er genauso anfällig dafür, das zu verlieren, was er gefunden hat. "Ursachen erzeugen Wirkungen." Wenn ein Mann die richtigen Methoden anwendet, um erfolgreich zu sein, wird ihn "Glück" nicht daran hindern. Wenn es ihm nicht gelingt, gibt es Gründe dafür, obwohl er sie vielleicht nicht sehen kann.

VERWENDE DIE BESTEN WERKZEUGE.

Menschen, die Mitarbeiter beschäftigen, sollten darauf achten, die Besten zu bekommen. Verstehe, dass es keine zu guten Werkzeuge gibt, mit denen du arbeiten kannst, und es gibt kein Werkzeug, bei dem du so sorgfältig sein solltest wie bei lebenden Werkzeugen. Wenn du einen guten Mitarbeiter bekommst, ist es besser, ihn zu halten, als ständig zu wechseln. Er lernt jeden Tag etwas; und du wirst von der Erfahrung, die er sammelt, profitieren. Er ist euch in diesem Jahr mehr wert als im letzten, und er ist der letzte Mensch, von dem du dich trennen solltest, vorausgesetzt, seine Gewohnheiten sind gut, und er bleibt treu. Aber wenn er, nachdem er wertvoller wird, eine exorbitante Gehaltserhöhung verlangt; unter der Annahme, dass du nicht auf ihn verzichten kannst, lass ihn gehen. Wenn ich einen solchen Mitarbeiter habe, entlasse ich ihn immer; erstens, um ihn davon zu überzeugen, dass seine Stelle ersetzt werden kann, und zweitens, weil er für nichts mehr gut ist, wenn er denkt, dass er unschätzbar ist und man nicht auf ihn verzichten kann.

Aber ich würde ihn, wenn möglich, halten, um vom Ergebnis seiner Erfahrung zu profitieren. Ein wichtiges Element in einem Mitarbeiter ist das Gehirn. Man sieht Rechnungen, "Helfende Hände gewünscht", aber "Hände" sind ohne "Köpfe" nicht viel wert. Mr. Beecher veranschaulicht dies auf diese Weise:

Ein Mitarbeiter bietet seine Dienste an, indem er spart: "Ich habe ein Paar Hände und einer meiner Finger denkt." "Das ist sehr gut", sagt der Arbeitgeber. Ein anderer Mann kommt vorbei und sagt: "Ich habe zwei Finger, die denken." "Ah! Das ist besser." Aber ein Dritter ruft an und sagt, dass "alle seine Finger und Daumen denken". Das ist noch besser. Schließlich kommt ein anderer und sagt: "Ich habe ein Gehirn, das denkt; ich denke über alles nach; ich bin sowohl ein denkender als auch ein arbeitender Mann!" "Du bist der Mann, den ich will", freut sich der Arbeitgeber.

Die Menschen, die über Köpfchen und Erfahrung verfügen, sind daher am wertvollsten und man kann nicht ohne Weiteres das eine von dem anderen trennen; es ist besser für sie und für dich, sie von Zeit zu Zeit mit angemessenen Zulagen zu ihrem Gehalt zu halten.

SCHUSTER BLEIB BEI DEINEN LEISTEN.

Junge Männer, nachdem sie ihre kaufmännische Ausbildung oder Lehre abgeschlossen haben, werden oft lügen, wenn sie nichts tun, statt ihrem Beruf nachzugehen und in ihrem Geschäft aufzusteigen. Sie sagen: "Ich habe meinen Beruf erlernt, aber ich werde mich nicht verkaufen; was ist denn das Ziel, ein Handwerk oder einen Beruf zu erlernen, es sei denn, ich mache mich selbstständig?"

"Hast du Kapital für den Anfang?"

"Nein, aber ich werde es bekommen."

"Wie willst du es bekommen?"

"Ich werde es dir vertraulich sagen; ich habe eine wohlhabende alte Tante, und sie wird ziemlich bald sterben; aber wenn sie es nicht tut, erwarte ich, einen reichen alten Mann zu finden, der mir ein paar Tausend leihen wird, um mir eine Starthilfe zu geben. Wenn ich nur das Geld für den Anfang bekomme, werde ich es gut machen."

Es gibt keinen größeren Fehler, als wenn ein junger Mann glaubt, dass er mit geliehenem Geld Erfolg haben wird. Warum? Weil die Erfahrung eines jeden Mannes mit der von Herrn Astor (Anm. d. Hrsg.: der Hotelkönig Astor) übereinstimmt, der sagte: "Es war schwieriger für ihn, seine ersten tausend Dollar zu sammeln, als all die folgenden Millionen, die sein riesiges Vermögen ausmachten." Geld ist gut für nichts, es sei denn, man kennt den Wert aus Erfahrung. Gib einem Jungen zwanzigtausend Dollar und setze ihn ins Geschäft, und die Chancen stehen gut, dass er jeden Dollar davon verlieren wird, bevor er ein Jahr älter ist. Wie der Kauf eines Loses in der Lotterie; und das gewinnen eines Preises, es ist "wie gewonnen, so zerronnen". Er kennt den Wert nicht; **nichts ist etwas wert, es sei denn, es kostet Aufwand**. Ohne Selbstverleugnung und Ökonomie, Geduld und Ausdauer und beginnend mit Kapital, das du nicht selbst verdient hast, kannst du nicht sicher sein, ob es dir gelingt, ein Vermögen aufzubauen. Junge Männer, anstatt "auf die zu großen Schuhe toter Männer zu warten", sollten aufstehen und selbst etwas tun, denn es gibt keine Klasse von Menschen, die in Bezug auf das Sterben so unangenehm werden wie diese reichen alten Menschen, und es ist ein Glück für die werdenden Erben, dass es so ist. Neun von zehn der heute in unserem Land lebenden reichen Männer begannen ihr Leben als arme Jungen, mit entschlossenem Willen, Fleiß, Ausdauer, gutes Wirtschaften und guten Gewohnheiten. Sie kamen Schritt für Schritt voran, verdienten ihr eigenes Geld und sparten es; und das ist der beste Weg, um ein Vermögen zu erwerben. Stephen Girard begann sein Leben als armer Kabinenjunge und hinterließ ein Vermögen von neun Millionen Dollar. A.T. Stewart war ein armer irischer Junge; und er zahlte Steuern auf eine Million und eine halbe Dollar Einkommen pro Jahr. John Jacob Astor war ein armer Bauernjunge und hinterließ ein Vermögen von zwanzig Millionen. Cornelius Vanderbilt begann mit dem Rudern eines Bootes von Staten Island nach New York; er schenkte unserer Regierung ein Dampfschiff im Wert von einer Million Dollar und hinterließ ein Vermögen von fünfzig Millionen. "Es gibt keinen königlichen Weg beim Lernen", sagt das Sprichwort, und ich kann sagen, dass es ebenso wahr ist: "Es gibt keinen königlichen Weg zum Reichtum." Aber ich denke, es gibt einen königlichen Weg, der zu beidem führt. Der Weg des Lernens ist selbst ein königlicher, es ist der Weg, der es dem Schüler ermöglicht, seinen Intellekt zu erweitern und jeden Tag seinen Wissensschatz zu erweitern, bis er durch den erfreulichen Prozess der Zunahme seines intellektuellen Vermögens in der Lage ist, die tiefsten Probleme zu lösen, die Sterne zu zählen, jedes Atom der Erde zu analysieren und das Firmament zu messen, dies ist eine königliche Straße, und es ist die einzige Straße, die es wert ist, zu reisen.

Ebenso ist es, was den Reichtum betrifft. Geht vertrauensvoll voran, studiert die Regeln und vor allem die menschliche Natur; denn "das richtige Studium der Menschheit ist der Mensch selbst", und ihr werdet feststellen, dass eure erweiterte Erfahrung es euch durch Erweiterung des Intellekts und der

Muskeln jeden Tag ermöglichen wird, mehr und mehr Kapital anzusammeln, das sich durch Zinsen und auch anders vermehren wird, bis ihr zu einem Zustand der Unabhängigkeit gelangt. Du wirst feststellen, dass die armen Jungen reich werden und die reichen Jungen arm. Zum Beispiel überlässt ein reicher Mann bei seinem Tod seiner Familie ein großes Anwesen. Seine ältesten Söhne, die ihm geholfen haben, sein Vermögen zu verdienen, kennen aus Erfahrung den Wert des Geldes; und sie nehmen ihr Erbe und fügen es ihrem Besitz hinzu. Die einzelnen Erbteile der kleinen Kinder werden verzinst angelegt, und die kleinen Gefährten werden auf den Kopf gestreichelt und man sagt ihnen ein Dutzend Mal am Tag: "Du bist reich; du wirst nie arbeiten müssen, du kannst immer haben, was du willst, denn du wurdest mit einem goldenen Löffel im Mund geboren". Der junge Erbe findet bald heraus, was das bedeutet; er hat die feinsten Kleider und Spielzeug; er wird vollgestopft mit Zuckerbonbons und "überschüttet mit Freundlichkeit", und er geht von Schule zu Schule, gestreichelt und geschmeichelt. Er wird arrogant und selbstverliebt, missbraucht seine Lehrer und trägt seine Nase hoch. Er weiß nichts über den wirklichen Wert des Geldes, da er nie etwas verdient hat; aber er weiß alles über die Sache mit dem "goldenen Löffel". Im College lädt er seine armen Mitschüler in sein Zimmer ein, wo er sie "verköstigt". Ihm wird geschmeichelt und er wird gestreichelt und man nennt ihn einen herrlich guten Kumpel, weil er so freigebig mit seinem Geld ist. Er veranstaltet Spielabende, fährt mit schnellen Karossen, lädt seine Kumpel zu Festen und Partys ein, entschlossen, viele "gute Zeiten" zu haben. Er verbringt die Nacht mit Scherzen und Ausschweifungen und führt seine Gefährten mit dem bekannten Lied: "Wir machen durch bis morgen früh ..." Er bringt sie dazu, sich ihm anzuschließen.

"Ah! meine Jungs", schreit er, "wozu ist es gut, reich zu sein, wenn man sich nicht amüsieren kann?"

Er könnte in Wirklichkeit auch sagen: "Wenn man sich nicht zum Narren machen kann", aber er ist "schnell", hasst langsame Dinge und erkennt sie nicht. Junge Männer, die mit dem Geld anderer Leute belastet sind, werden mit ziemlicher Sicherheit alles verlieren, was sie geerbt haben, und sie nehmen alle möglichen schlechten Gewohnheiten an, die in den meisten Fällen ihre Gesundheit, Geldbeutel und Charakter ruinieren. In diesem Land folgt eine Generation der anderen, und die Armen von heute sind in der nächsten Generation oder der dritten reich. Ihre Erfahrung führt sie weiter, und sie werden reich, und sie hinterlassen ihren kleinen Kindern große Vermögen. Diese Kinder aber, die in Luxus aufgewachsen sind, sind unerfahren und werden arm; und nach langer Erfahrung kommt eine andere Generation hinzu und sammelt ihrerseits wieder Vermögen an. Und so wiederholt sich "die Geschichte", und glücklich ist derjenige, der durch das Hören auf die Erfahrung der anderen die Felsen und Untiefen vermeidet, auf denen so viele Schiffbruch erlitten haben.

"In England macht die Arbeit den Mann." Wenn ein Mann in diesem Land ein Mechaniker oder Arbeiter ist, wird er nicht als Gentleman anerkannt. Anlässlich meines ersten Auftritts vor Queen Victoria fragte mich der Herzog von Wellington, in welcher Lebenssphäre sich die Eltern von General Tom Thumb befinden.

"Sein Vater ist Zimmermann", antwortete ich.

"Oh! Ich hatte gedacht, dass er ein Gentleman ist", war die Antwort seiner Hoheit.

In diesem republikanischen Land macht dagegen der Mann die Arbeit. Egal, ob er ein Schmied, Schuhmacher, Landwirt, Bankier oder Anwalt ist, solange seine Arbeit legitim ist, kann er ein Gentleman sein. So ist jedes "legitime" Geschäft ein doppelter Segen, es hilft dem Mann, der sich mit ihm beschäftigt, und auch anderen. Der Landwirt unterstützt seine eigene Familie, aber er profitiert auch vom Kaufmann oder Mechaniker, der die Produkte seines Betriebs benötigt. Der Schneider lebt nicht nur von seinem Beruf, sondern hilft auch dem Landwirt, dem Geistlichen und anderen, die keine eigene Kleidung herstellen können. Aber all diese Klassen sind oft Gentlemen.

Das große Ziel sollte es sein, alle anderen, die den gleichen Beruf ausüben, zu übertreffen.

Der Student, der kurz vor dem Abschluss stand, sagte zu einem alten Anwalt:

"Ich habe mich noch nicht entschieden, welchen Beruf ich ausüben werde. Ist Ihr Beruf voll?"

"Der Keller ist sehr überfüllt, aber es gibt viel Platz im Obergeschoss", lautete die witzig-wahre Antwort.

Kein Beruf, kein Handel oder Gewerbe ist im Obergeschoss überfüllt. Wo immer Sie den ehrlichsten und intelligentesten Kaufmann oder Bankier finden, oder den besten Anwalt, den besten Arzt, den besten Geistlichen, den besten Schuster, Schreiner oder irgendetwas anderes, ist dieser Mann am meisten gesucht und hat immer genug zu tun. Als Nation sind die Amerikaner zu oberflächlich - sie streben danach, schnell reich zu werden, und machen ihr Geschäft im Allgemeinen nicht so substanziell und gründlich, wie sie es sollten, aber wer alle anderen seiner eigenen Branche übertrifft, und seine Angewohnheiten gut sind und seine Integrität makellos ist, kann es nicht verfehlen, sich eine reiche Gönnerschaft und den natürlich folgenden Wohlstand zu sichern. Lass dein Motto dann immer "überragende Qualität" sein, denn wenn du dem gerecht wirst, gibt es kein Wort wie scheitern.

LERNE ETWAS NÜTZLICHES.

Jeder Mann sollte seinen Sohn oder seine Tochter dazu bringen, einen nützlichen Beruf oder Gewerbe zu erlernen, damit sie in solchen Tagen, in denen sich das Schicksal wendet, von heute reich zu morgen arm, etwas Handfestes haben, auf das sie zurückgreifen können. Diese Vorkehrung könnte viele Menschen vor dem Elend bewahren, die durch eine unerwartete Vermögenswende alle ihre Mittel verloren haben.

LASS DIE HOFFNUNG VORHERRSCHEN, ABER SEI NICHT ZU VISIONÄR.

Viele Menschen werden immer arm bleiben, weil sie zu visionär sind. Jedes Projekt sieht für sie nach einem gewissen Erfolg aus, und deshalb wechseln sie immer wieder von einem Geschäft zum anderen, immer in heißem Wasser, immer "unter der Egge" (Anm. d. Hrsg.: Eine Egge ist ein schwerer Eisenrahmen, der mit eisernen Zähnen oder Zinken besetzt ist, und über gepflügtes Land gezogen wird, um Schollen und Wurzelgräser aufzulösen. Im übertragenen Sinn: Leid oder Unterdrückung ausgesetzt sein.) Der Plan, "die Hühner zu zählen, bevor sie geschlüpft sind", ist ein Fehler der Jugend, aber der scheint mit dem Alter nicht besser zu werden.

ZERSTREUE NICHT DEINE KRÄFTE.

Betreibe nur eine Art von Geschäft und halte dich treu daran, bis du Erfolg hast oder bis deine Erfahrung zeigt, dass du es aufgeben solltest. Ein ständiges Hämmern auf einen Nagel treibt ihn in der Regel endlich ins Holz, sodass er das Brett festklammert. Wenn die ungeteilte Aufmerksamkeit eines Menschen auf ein Objekt gerichtet ist, wird sein Verstand ständig Verbesserungen des Wertes vorschlagen, die ihm entgangen wären, wenn sein Gehirn von einem Dutzend verschiedener Subjekte auf einmal besetzt wäre. So manches Vermögen ist einem Mann durch die Lappen gegangen, weil er zu viele Beschäftigungen auf einmal ausgeübt hat. Es ist in gutem Sinn mit Vorsicht zu genießen, zu viele Eisen auf einmal im Feuer zu haben.

SEI SYSTEMATISCH.

Menschen sollten in ihrem Geschäft systematisch vorgehen. Ein Mensch, der Geschäfte nach Regeln macht, eine Zeit und einen Ort für alles hat, seine Arbeit zeitnah erledigt, wird doppelt so viel und mit der Hälfte der Mühe desjenigen erreichen, der es leichtsinnig und schlampig macht. Indem sie ein System in alle Ihre Transaktionen einführen, eine Sache nach der anderen tun, Termine immer pünktlich treffen, finden sie Freizeit zum Zeitvertreib und zur Erholung; während der Mensch, der nur die Hälfte davon macht, sich dann an etwas anderes wendet und das wieder zur Hälfte tut, sein Geschäft am offenen Ende hat und nie wissen wird, wann die Arbeit seines Tages erledigt ist, denn sie wird nie vollständig getan sein. Natürlich gibt es eine Grenze für all diese Regeln. Wir müssen versuchen, das glückliche Mittelmaß zu wahren, denn es gibt so etwas wie eine zu systematische Vorgehensweise. Es gibt zum Beispiel Männer und Frauen, die Dinge so sorgfältig wegräumen, dass sie sie nie wieder finden. Es ähnelt zu sehr der "Bürokratie" in Washington oder in einem Roman von Mr. Dickens dem "Circumlocution Office" - alles Theorie und kein Ergebnis.

Als das "Astor House" in New York City gegründet wurde, war es zweifellos das beste Hotel des Landes. Die Eigentümer hatten in Europa viel über Hotels gelernt, und die Hausherren waren stolz auf das strenge System, das jede Abteilung ihres großen Hauses durchdrang. Als zwölf Uhr nachts angekommen war und eine Reihe von Gästen anwesend waren, sagte einer der Besitzer: "Berühre diese Glocke, John", und in zwei Minuten präsentierten sich sechzig Diener, mit einem Wassereimer in jeder Hand, im Saal. "Das", sagte der Hausherr und wandte sich an seine Gäste, "ist unsere Feuerglocke; sie wird Ihnen zeigen, dass wir hier ganz sicher sind; denn wir machen alles systematisch." Das war, bevor Wasserleitungen in die Stadt kamen. Aber manchmal haben sie ihr System zu weit getrieben. Bei einer Gelegenheit, als das Hotel mit Gästen gedrängt voll war, war einer der Kellner plötzlich verhindert, und obwohl es fünfzig Kellner im Hotel gab, dachte der Hausherr, er müsse seine volle Mannschaft haben, sonst würde sein "System" beeinträchtigt werden. Kurz vor dem Abendessen eilte er die Treppe hinunter und sagte: "Es muss einen anderen Kellner geben, mir fehlt ein Kellner, was kann ich tun?" Er sah zufällig "Boots", den Iren. "Pat", sagte er, "wasch dir Hände und Gesicht, nimm die weiße Schürze und komm in fünf Minuten ins Esszimmer." Derzeit erschien Pat wie gewünscht, und der Besitzer sagte: "Nun Pat, du musst hinter diesen beiden Stühlen stehen und auf die Herren warten, die sie besetzen werden; hast du jemals als Kellner fungiert?"

"Ich weiß alles darüber, sicher, aber ich habe es nie getan."

Wie der irische Lotse, als der Kapitän bei einer Gelegenheit, als er dachte, der Lotse sei ziemlich außer Kurs, fragte: "Sind Sie sicher, dass Sie wissen, was Sie tun?"

Pat antwortete: "Sicher, und ich kenne jeden Stein im Kanal."

In diesem Moment knallte das Schiff gegen einen Felsen.

"Ah! mein Gott, und das ist einer davon", fuhr der Lotse fort. Aber um zurück in den Speisesaal zu gelangen. "Pat", sagte der Hausherr, "hier machen wir alles systematisch. Du musst den Herren zuerst einen Teller Suppe geben, und wenn sie die gegessen haben, frag sie, was sie als Nächstes haben wollen."

Pat antwortete: "Ah! un' ich verstehe die Varianten vom Schystem perfekt."

Sehr bald kamen die Gäste. Die Suppenteller wurden vor ihnen platziert. Einer von Pat's zwei Herren aß seine Suppe, der andere mochte sie nicht. Dieser sagte: "Kellner, nehmen Sie den Teller weg und bringen mir etwas Fisch." Pat betrachtete den unberührten Suppenteller und erinnerte sich an die Anweisungen des Hausherrn in Bezug auf das "System". Er antwortete: "Nicht, bevor Sie ihre Suppe gegessen haben!"

Natürlich ging das mit dem "System" völlig zu weit.

LIES ZEITUNGEN.

Nimm immer eine Zeitung mit vertrauenswürdigen Informationen und halten dich so über die Transaktionen der Welt auf dem Laufenden. Wer ohne Zeitung ist, wird von seiner Spezies abgeschnitten. In Zeiten der Telekommunikation und der elektrischen Energie werden viele wichtige Erfindungen und Verbesserungen in allen Branchen gemacht, und wer die Zeitungen nicht konsultiert, wird sich und sein Geschäft bald draußen im Regen wiederfinden.

HÜTE DICH VOR "FREMDGESCHÄFTEN".

Manchmal sehen wir Menschen, die zuvor Glück gehabt haben, wie sie plötzlich arm geworden sind. In vielen Fällen ergibt sich dies aus Unmäßigkeiten, oft auch aus Spielen und anderen schlechten Angewohnheiten. Häufig geschieht dies auch, weil ein Mann in irgendeiner Weise an "Fremdgeschäften" beteiligt war. Wenn er mit seinem legitimen Geschäft wohlhabend geworden ist, wird ihm von einer großen Spekulation erzählt, bei der er Tausende Gewinn machen kann. Er wird ständig von seinen Freunden umschmeichelt, die ihm sagen, dass er das Glück gepachtet hat, dass alles, was er berührt, in Gold verwandelt wird. Wenn er nun vergisst, dass seine wirtschaftlichen Gewohnheiten, seine Rechtschaffenheit und seine persönliche Kenntnis eines Geschäfts, das er genau verstanden hat, seinen Erfolg im Leben bedingt haben, wird er auf die Sirenen-Stimmen hören. Er sagt:

"Ich werde zwanzigtausend Dollar investieren. Ich hatte immer Glück, und mein Glück wird mir bald sechzigtausend Dollar zurückbringen."

Ein paar Tage vergehen und man entdeckt, dass er weitere zehntausend Dollar investieren muss: kurz nachdem ihm gesagt wurde, "es ist in Ordnung". Aber bestimmte Dinge, die nicht vorgesehen waren, erfordern einen weiteren Vorschuss von zwanzigtausend Dollar, was ihm angeblich eine reiche Ernte bringen soll; aber die Zeit kommt, in der er erkennt, dass die Blase platzt, er verliert alles, was er besessen hat. Und dann erfährt er, was er zuerst hätte wissen sollen, dass ein Mann, so erfolgreich er auch sein mag, es zwar in seinem eigenen Geschäft sein kann, wenn er sich aber davon abwendet und ein anderes Geschäft betreibt, das er nicht versteht, wie der sagenhafte Samson ist, der seiner Schlösser beraubt wird, seine Kraft verliert, und zu einem gewöhnlichen Menschen wird.

Wenn ein Mensch viel Geld hat, sollte er ein wenig in alles, was Erfolg verspricht, investieren, und das wird wahrscheinlich der Menschheit zugutekommen; aber die so investierten Summen sollten in ihrer Höhe moderat sein. Jedoch sollte ein Mensch niemals ein Vermögen, das er auf legitime Weise verdient hat, dumm aufs Spiel setzen, indem er es in Dinge investiert, von denen er keine Ahnung hat.

BÜRGE NIEMALS OHNE SICHERHEIT.

Ich bin der Meinung, dass niemand jemals für Schulden anderer bürgen sollte, denn jeder Mensch, sei es sein Vater oder sein Bruder, sollte sich nicht in größerem Maße verschulden, als er es sich leisten kann zu verlieren und man sollte sich ohne gute Sicherheit um nichts kümmern. Hier ist ein Mann, der Besitz im Wert von zwanzigtausend Dollar hat; er betreibt eine blühende Produktion oder einen blühenden Handel. Du bist im Ruhestand und lebst von deinem Geld; er kommt zu dir und sagt:

"Du weißt, dass mein Besitz zwanzigtausend Dollar wert ist und ich keinen Dollar schulde; wenn ich fünftausend Dollar in bar hätte, könnte ich eine bestimmte Menge an Waren kaufen und mein Geld in ein paar Monaten verdoppeln; wirst du meinen Wechsel für diesen Betrag bestätigen (indossieren)?"

Du denkst, dass sein Besitz zwanzigtausend Dollar wert ist, und du gehst kein Risiko ein, indem du seinen Wechsel bestätigst; du magst es, ihm zu helfen, und du bürgst durch deinen Namen, ohne die Vorsichtsmaßnahme zu ergreifen, eine Sicherheit zu bekommen. Kurz darauf zeigt er dir den Wechsel mit deiner gelöschten Billigung (Indossament) und sagt dir wahrscheinlich wirklich, "dass er den Gewinn gemacht hat, den er von der Operation erwartet hat", du denkst, dass du eine gute Tat vollbracht hast, und der Gedanke macht dich glücklich. Nach und nach geschieht das Gleiche wieder und du tust es wieder; und bereits hat sich in deinem Kopf der Eindruck festgesetzt, dass es völlig sicher ist, seine Wechsel ohne Sicherheit zu bestätigen.

Aber das Problem ist, dass dieser Mann zu leicht an Geld kommt. Er muss nur den von dir bestätigten Wechsel zur Bank bringen, ihn diskontieren lassen und das Geld nehmen. Er bekommt vorerst ohne Mühe Geld, ohne Unannehmlichkeiten für sich selbst.

Merke nun das Ergebnis. Er sieht eine Chance für Spekulationen außerhalb seines Geschäfts. Eine temporäre Investition von nur $10.000 ist erforderlich. Es ist sicher, dass sie zurückkommen, bevor ein Wechsel fällig wird. Er legt dir einen Wechsel über diesen Betrag vor. Du unterschreibst ihn fast mechanisch. In der festen Überzeugung, dass dein Freund verantwortungsbewusst und vertrauenswürdig ist, bestätigst du seinen Wechsel als "Selbstverständlichkeit".

Leider geht die Spekulation nicht so schnell auf, wie erwartet, und ein weiterer 10.000-Dollar-Wechsel muss diskontiert werden, um den letzten bei Fälligkeit zu begleichen. Bevor dieser Wechsel fällig ist, hat sich die Spekulation als völliger Misserfolg erwiesen und das gesamte Geld ist verloren. Sagt der Verlierer seinem Freund, dem Indossanten (Bürgen für den Wechsel), dass er die Hälfte seines Vermögens verloren hat? Überhaupt nicht. Er erwähnt nicht einmal, dass er überhaupt spekuliert hat. Aber er ist erregt; der Geist der Spekulation hat ihn ergriffen; er sieht, wie andere auf diese Weise große Summen verdienen (wir hören selten von Verlierern), und wie andere Spekulanten "erwartet er sein Geld zurückzubekommen, wo er es verloren hat". Er versucht es erneut. Die Bestätigung von Wechseln ist bei dir chronisch geworden, und bei jedem Verlust bekommt er deine Unterschrift für den Betrag, den er will. Schließlich entdeckst du, dass dein Freund sein gesamtes Eigentum und dein gesamtes Eigentum verloren hat. Du bist von Erstaunen und Trauer überwältigt, und du sagst: "Es ist eine harte Sache; mein Freund hier hat mich ruiniert", aber du solltest hinzufügen: "Ich habe ihn auch ruiniert.". Wenn du Folgendes an erster Stelle gesagt hättest: "Ich werde dir entgegenkommen, aber ich indossiere (bürge) nie, ohne reichlich Sicherheit zu nehmen", hätte er nicht über das hinausgehen können, was er verkraften kann, und er wäre nie von seinem legitimen Geschäft abgehalten worden. Es ist daher sehr gefährlich, zuzulassen, dass Menschen jederzeit zu leicht an Geld kommen; es verleitet sie zu gefährlichen Spekulationen, wenn nicht noch mehr. Salomon sagte wirklich: "Wer die Bürgschaft hasst, ist sich sicher."

So mit dem jungen Mann, der im Beruf beginnt; lass ihn den Wert des Geldes verstehen, indem er es verdient. Wenn er den Wert des Geldes versteht, dann schmiere die Räder ein wenig, um ihm zu helfen, ein eigenes Geschäft zu beginnen, aber denke daran, Männer, die Geld zu leicht bekommen, können normalerweise nicht erfolgreich sein. Sie müssen die ersten Dollar durch harte Schläge und unter ein wenig Opfer erhalten, um den Wert dieser Dollar zu schätzen.

WERBE FÜR DEIN UNTERNEHMEN.

Wir alle sind mehr oder weniger abhängig von der Unterstützung der Öffentlichkeit. Wir alle handeln mit den selbstständigen Anwälten, Ärzten, Schuhmachern, Künstlern, Schmieden, Schaustellern, Opernbühnen, Eisenbahnpräsidenten und Hochschullehrern. Diejenigen, die mit der Öffentlichkeit zu tun haben, müssen darauf achten, dass ihr Angebot wertvoll ist, dass es authentisch ist und Zufriedenheit bringt. Wenn du einen Artikel erhältst, von dem du weißt, dass er deinen Kunden gefallen wird, und dass, wenn du ihn ausprobiert hast, das Gefühl hast, dass er sein Geld wert ist, dann lassen die Öffentlichkeit die Tatsache wissen, dass du ihn bekommen hast. Achte darauf, ihn in irgendeiner Form zu bewerben, denn es ist offensichtlich, dass, wenn man einen so guten Artikel zum Verkauf hat und niemand weiß davon, er ihm keine Ertrag bringen wird. In einem Land wie diesem, in dem fast jeder liest und in dem Zeitungen in Auflagen von fünftausend bis zweihunderttausend Exemplaren herausgegeben und verteilt werden, wäre es sehr unklug, wenn dieser Kanal nicht genutzt würde, um die Öffentlichkeit mit der Werbung zu erreichen. Eine Zeitung geht in die Familie und wird von Frau und Kindern sowie dem Hausherrn gelesen; daher können Hunderttausende von Menschen deine Werbung lesen, während Sie sich um Ihr Tagesgeschäft kümmern. Viele lesen es vielleicht, während du schläfst. Die ganze Lebensphilosophie ist, zuerst "säen", dann "ernten". Das ist die Art und Weise, wie der Landwirt es tut; er pflanzt seine Kartoffeln und Mais und sät sein Getreide und geht dann etwas anderes an, und die Zeit der Ernte kommt. Aber er erntet nie zuerst und sät danach. Dieser Grundsatz gilt für alle Arten von Geschäften und ganz besonders für die Werbung. Wenn ein Mann einen authentischen Artikel hat, gibt es keinen Weg, wie er vorteilhafter ernten kann, als wenn er auf diese Weise in die Öffentlichkeit "sät". Er muss natürlich einen wirklich guten Artikel haben, der seinen Kunden gefällt; alles Scheinbare wird nicht dauerhaft gelingen, weil die Öffentlichkeit weiser ist, als viele denken. Männer und Frauen sind egoistisch, und wir alle bevorzugen den Kauf, wo wir das Beste für unser Geld bekommen können, und wir versuchen herauszufinden, wo wir das am sichersten tun können.

Du kannst einen nachgemachten Artikel bewerben und viele Leute dazu bringen, ihn einmal zu verlangen und zu kaufen, aber sie werden dich als Betrüger und Betrüger anprangern, und dein Geschäft wird allmählich eingehen und dich arm machen. Das ist auch richtig so. Nur wenige Geschäftsleute können sich sicher auf zufällige Kunden verlassen. Sie alle müssen dafür sorgen, dass Ihre Kunden zurückkehren und wieder kaufen. Ein Mann sagte zu mir: "Ich habe es mit Werbung versucht und bin nicht erfolgreich gewesen, aber ich habe einen guten Artikel."

Ich antwortete: "Mein Freund, es kann Ausnahmen von einer allgemeinen Regel geben. Aber wie werben Sie?"

"Ich habe dreimal in einer Wochenzeitung eine Anzeige aufgegeben und anderthalb Dollar dafür bezahlt", antwortete ich: "Sir, Werbung ist wie Lernen - "Ein bisschen ist eine gefährliche Sache!""

Ein französischer Schriftsteller sagt: "Der Leser einer Zeitung sieht nicht die erste Erwähnung einer gewöhnlichen Anzeige; die zweite Anzeige sieht er, liest sie aber nicht; die dritte Anzeige liest er; bei der vierten Anzeige schaut er auf den Preis; über die fünfte Anzeige spricht er spricht mit seiner Frau; bei der sechsten Anzeige ist er bereit zu kaufen, und bei der siebten Anzeige kauft er endlich." Dein Ziel in der Werbung ist es, die Öffentlichkeit verstehen zu lassen, was du zu verkaufen hast, und wenn du nicht den Mut hast, die Werbung durchzuhalten, bis du diese Informationen weitergegeben hast, ist alles Geld, das du ausgegeben hast, verloren. Du bist wie der Kerl, der einem Herrn sagte, wenn er ihm zehn Cent geben würde, würde er ihm dadurch einen ganzen Dollar ersparen. "Wie kann ich dir mit einer so kleinen Summe so viel helfen?", fragte der Herr überrascht. "Ich begann heute Morgen (rülpste den Kerl) mit der vollen Entschlossenheit, mich zu betrinken, und ich habe meinen einzigen Dollar ausgegeben, um das Ziel zu erreichen, und ich habe es nicht ganz geschafft. Whiskeys für zehn Cent mehr würden genügen, und auf diese Weise sollte ich den bereits ausgegebenen Dollar sparen."

Ein Mensch, der überhaupt wirbt, muss es so lange aufrechterhalten, bis die Öffentlichkeit weiß, wer und was er ist und was sein Geschäft ist, sonst geht das in die Werbung investierte Geld verloren.

Einige Menschen haben eine besondere Begabung für das Schreiben einer auffälligen Werbung, die die Aufmerksamkeit des Lesers auf den ersten Blick auf sich zieht. Diese Tatsache verschafft dem Werbetreibenden natürlich einen großen Vorteil. Manchmal macht sich ein Mensch durch ein einzigartiges Schild oder eine neugierige Auslage in seinem Fenster bekannt. Kürzlich beobachtete ich ein Schaukelschild, das sich über den Bürgersteig vor einem Geschäft erstreckt, auf dem die Inschrift in einfachen Buchstaben stand,

"LIES NICHT DIE ANDERE SEITE."

Natürlich tat ich es, und auch alle anderen, und ich erfuhr, dass der Mann sein volles Auskommen erlangt hatte, indem er zuerst die Öffentlichkeit auf diese Weise für sein Unternehmen gewonnen und dann seine Kunden gut bedient hatte.

Genin, der Hutmacher, kaufte das erste Jenny-Lind-Ticket (Jenny Lind war eine berühmte schwedische Opernsängerin) bei einer Auktion für zweihundertfünfundzwanzig Dollar, weil er wusste, dass es eine gute Werbung für ihn sein würde. "Wer ist der Bieter?", fragte der Auktionator, als er den Zuschlag für das Ticket im Castle Garden gab. "Genin, der Hutmacher", war die Antwort. Hier waren Tausende von Menschen von der Fifth Avenue und aus fernen Städten in den höchsten gesellschaftlichen Stellungen. "Wer ist Genin, der Hutmacher?", riefen sie. Sie hatten noch nie zuvor von ihm gehört. Am nächsten Morgen hatten die Zeitungen und der Telegraf die Fakten von Maine bis Texas verbreitet, und über fünf bis zehn Millionen Menschen hatten gelesen, dass sich die bei der Versteigerung verkauften Tickets für Jenny Lind's erstes Konzert auf etwa zwanzigtausend Dollar beliefen und dass ein einziges Ticket für zweihundertfünfundzwanzig Dollar an "Genin, den Hutmacher" verkauft wurde. Männer im ganzen Land zogen unwillkürlich ihre Hüte ab, um zu sehen, ob sie einen "Genin"-Hut auf dem Kopf hatten. In einer Stadt in Iowa wurde festgestellt, dass es in der Menge um die Post einen Mann gab, der einen "Genin"-Hut hatte, und er zeigte ihn im Triumphzug, obwohl er abgenutzt und nicht zwei Cent wert war. "Warum", rief ein Mann aus, "hast du einen echten 'Genin'-Hut; was für ein glücklicher Kerl du bist." Ein anderer Mann sagte: "Halt den Hut fest, er wird ein wertvolles Erbe in deiner Familie sein." Noch ein anderer Mann in der Menge, der den Besitzer dieses Glücks zu beneiden schien, sagte: "Komm, gib uns allen eine Chance; versteigere ihn!" Er tat es, und der Hut wurde als Andenken für neun Dollar und fünfzig Cent verkauft! Was war die Folge für Herrn Genin? Er verkaufte in den ersten sechs Jahren zehntausend zusätzliche Hüte pro Jahr. Neun Zehntel der Käufer, kauften wahrscheinlich aus Neugier von ihm, und viele von denen, die feststellten, dass er ihnen ein Äquivalent für ihr Geld gab, wurden seine Stammkunden. Diese neuartige Werbung erregte zuerst ihre Aufmerksamkeit, und dann, als er gute Ware lieferte, kamen sie wieder.

Jetzt sage ich nicht, dass jeder so werben sollte, wie Herr Genin es getan hat. Aber ich sage, wenn ein Mensch Waren zum Verkauf anbietet und er sie nicht in irgendeiner Weise bewirbt, ist die Wahrscheinlichkeit groß, dass die Behörden es eines Tages für ihn tun werden (Anm. d. Hrsg.: wg. Firmenauflösung). Ich sage auch nicht, dass jeder in einer Zeitung werben oder gar "Druckertinte" verwenden muss. Im Gegenteil, obwohl die Anzeige in den meisten Fällen unverzichtbar ist, können Ärzte und Geistliche, manchmal auch Anwälte und einige andere, die Öffentlichkeit auf andere Weise besser erreichen. Aber es ist offensichtlich, dass sie in irgendeiner Weise bekannt sein müssen, wie könnten sie sonst ihren Lebensunterhalt verdienen?

SEI HÖFLICH UND FREUNDLICH ZU DEINEN KUNDEN.

Höflichkeit und Höflichkeit sind das beste Kapital, das je in Unternehmen investiert wurde. Große Geschäfte, vergoldete Schilder, flammende Werbung, werden sich alle als nutzlos erweisen, wenn du oder dein Mitarbeiter deine Kunden schroff behandelst. Die Wahrheit ist, je freundlicher und aufgeschlossener ein Mensch ist, desto großzügiger wird die Kundschaft sein, die bei ihm kauft. "Gleiches bringt Gleiches hervor." Derjenige, der die größte Menge Waren mit entsprechender Qualität für den geringsten Betrag abgibt (und die dabei immer noch einen Gewinn abwirft), wird in der Regel langfristig am besten abschneiden. Dies führt uns zur goldenen Regel: "Wie ihr wollt, dass die Menschen euch tun sollen, so tut es ihnen auch ", und sie werden euch besser behandeln, als wenn ihr sie immer so behandelt hättet, als wolltet ihr so viel als möglich aus ihnen herausholen, um die höchste Rendite zu erreichen. Menschen, die mit ihren Kunden scharfe Schnäppchengeschäfte machen und so tun, als hätten sie nie erwartet, sie wiederzusehen, werden sich nicht irren. Sie werden sie nie wieder als Kunden sehen. Die Leute zahlen nicht gerne und werden auch nicht gern getreten.

Einer der Saaldiener in meinem Museum sagte mir einmal, dass er beabsichtigt, einen Mann, der sich im Vortragssaal befand, zur Rede stellen wolle, sobald er herauskam.

"Wofür?", erkundigte ich mich.

"Weil er sagte, ich sei kein Gentleman", antwortete der Saaldiener.

"Egal", antwortete ich, "er bezahlt dafür, und du wirst ihn nicht davon überzeugen, dass du ein Gentleman bist, indem du ihn zur Rede stellst. Ich kann es mir nicht leisten, einen Kunden zu verlieren. Wenn du ihn zur Rede stellst, wird er nie wieder das Museum besuchen, und er wird Freunde dazu bringen, stattdessen mit ihm an andere Orte der Unterhaltung zu gehen, und so siehst du, dass ich ein echter Verlierer sein würde."

"Aber er hat mich beleidigt", murmelte der Saaldiener.

"Genau", antwortete ich, "und wenn er das Museum besäße, und du ihn für das Privileg bezahlt hättest, es zu besuchen, und er dich dann beleidigt hätte, könnte es einen Grund geben, es ihm zu verübeln, aber in diesem Fall ist er der Mann, der bezahlt, während wir ihn empfangen, und deshalb musst du seine schlechten Manieren ertragen."

Mein Platzanweiser bemerkte lachend, dass dies zweifellos die wahre Politik sei; aber er fügte hinzu, dass er nichts gegen eine Gehaltserhöhung einwenden würde, wenn man erwartete, dass er schlecht behandelt würde, um mein Interesse zu fördern.

SEI WOHLTÄTIG.

Natürlich sollten Menschen wohltätig sein, denn es ist eine Pflicht und ein Vergnügen. Aber auch aus Gründen der Höflichkeit, wenn du keinen höheren Anreiz hast, wirst du feststellen, dass der großzügige Mensch die Kundschaft übernehmen wird, während der schmutzige, unfreundliche Geizhals gemieden wird.

Salomon sagt: "Es gibt etwas, das ausgeteilt wird und doch zunimmt; und es gibt etwas, das mehr vorenthalten wird als man es antrifft, aber das führt zur Armut." Natürlich ist die einzig wahre Liebe die, die von Herzen kommt.

Die beste Art der Nächstenliebe ist es, **denen zu helfen, die bereit sind, sich selbst zu helfen.** Unterschiedsloses Almosengeben, ohne zu erforschen ob der Empfänger es wert ist, ist in jeder Hinsicht schlecht. Aber diejenigen zu suchen, die für sich selbst kämpfen, und ihnen leise zu helfen, ist die Art, die "ausgeteilt dennoch zunimmt". Aber verfalle nicht auf die Idee, die manche Menschen praktizieren, den Hungrigen ein Gebet anstelle einer Kartoffel zu geben und einen Segen anstelle von Brot. Es ist leichter, Christen mit vollem Magen zu machen als mit Leerem.

GIB NICHT AN.

Einige Menschen haben die dumme Angewohnheit, ihre Geschäftsgeheimnisse auszuplaudern. Wenn sie Geld verdienen, erzählen sie gerne ihren Nachbarn, wie es gemacht wurde. Dadurch wird nichts gewonnen, und oft geht viel verloren. Erzähle nichts über deine Gewinne, deine Hoffnungen, deine Erwartungen, deine Absichten. Und das sollte sowohl für Briefe als auch für Gespräche gelten. Goethe lässt Mephisto sagen: "Schreib nie einen Brief und zerreiß nie einen." Geschäftsleute müssen Briefe schreiben, aber du solltest vorsichtig sein, was du in sie hineinschreibst. Wenn du Geld verlierst, sei besonders vorsichtig und erzähle nichts davon, sonst verlierst du deinen Ruf.

BEWAHRE DEINE INTEGRITÄT.

Integrität ist kostbarer als Diamanten oder Rubine. Der alte Knauser sagte zu seinen Söhnen: "Verdiene Geld; verdiene es ehrlich, wenn du kannst, aber verdiene Geld:" Dieser Rat war nicht nur grausam böse, sondern er war das Wesen der Dummheit: Es war so viel wie zu sagen: "Wenn du es schwierig findest, Geld ehrlich zu verdienen, kannst du es leicht unehrlich bekommen. Schafft es auf diese Weise." Armer Trottel! Nicht zu wissen, dass das Schwierigste im Leben darin besteht, unehrlich Geld zu verdienen! Nicht zu wissen, dass unsere Gefängnisse voll von Männern sind, die versucht haben, diesem Rat zu folgen; nicht zu verstehen, dass kein Mensch unehrlich sein kann, ohne bald entdeckt zu werden, und dass, wenn sein Mangel an Prinzipien entdeckt wird, fast jeder Weg zum Erfolg für immer verschlossen ist. Die Öffentlichkeit scheut zu Recht alle, deren Integrität infrage gestellt wird. So höflich und angenehm ein Mann auch sein mag, keiner von uns wagt es, mit ihm umzugehen, wenn wir "falsche Gewichte und Maße" vermuten. Strenge Ehrlichkeit ist nicht nur die Grundlage für jeden finanziellen Erfolg im Leben, sondern auch in jeder anderen Hinsicht. Kompromisslose Integrität des Charakters ist von unschätzbarem Wert. Sie sichert ihrem Besitzer einen Frieden und eine Freude, die ohne sie nicht erreicht werden kann - die durch kein Geld gekauft und durch keine Häuser und kein Land erworben werden kann. Ein Mensch, von dem bekannt ist, dass er absolut ehrlich ist, mag arm sein, aber er hat die Geldbörsen der gesamten Gemeinschaft zur Verfügung - denn alle wissen, dass er, wenn er verspricht, das zurückzugeben, was er sich leiht, sie nie enttäuschen wird. Es ist deshalb eine reine Frage des Eigennutzes. Selbst wenn ein Mensch kein höheres Motiv für seine Ehrlichkeit hätte, werden alle feststellen, dass die Maxime von Dr. Franklin niemals falsch sein kann, dass "Ehrlichkeit die beste Politik ist".

Reich zu werden, ist nicht immer gleichbedeutend mit Erfolg. "Es gibt viele reiche arme Menschen", während es viele andere gibt, ehrliche und rechtschaffene Männer und Frauen, die noch nie so viel Geld besessen haben wie einige reiche Menschen in einer Woche verschwenden, die aber dennoch wirklich reicher und glücklicher sind, als es der Mensch jemals sein kann, der ein Übertreter der höheren Gesetze seines Seins ist.

Die übermäßige Liebe zum Geld mag zweifellos "die Wurzel allen Übels" sein, aber Geld selbst ist, wenn es richtig eingesetzt wird, nicht nur eine "praktische Sache, die man im Haus hat", es bietet auch die Befriedigung, unsere Kultur zu segnen, indem es ihrem Besitzer ermöglicht, den Umfang des menschlichen Glücks und des menschlichen Einflusses zu erweitern. Der Wunsch nach Wohlstand ist fast universell, und niemand kann sagen, dass er nicht lobenswert ist, vorausgesetzt, der Besitzer von ihm übernimmt Verantwortung und nutzt ihn als Freund der Menschheit.

Die Geschichte des Geldverdienens, also des Handels, ist eine Geschichte der Zivilisation, und wo der Handel am stärksten gediehen ist, haben auch Kunst und Wissenschaft die edelsten Früchte getragen. In der Tat ist es eine allgemeine Sache: Großverdiener sind die Wohltäter unserer Kultur. Ihnen gegenüber sind in hohem Maße unsere Museen, Lern-, Forschungs- und Kunstinstitutionen, sowie unsere Akademien, Hochschulen, und Kirchen zu Dank verpflichtet. Es ist kein Argument gegen den Wunsch nach Besitz, zu sagen, dass es manchmal Geizhälse gibt, die Geld nur um des Hortens willen horten und die keinen höheren Anspruch haben, als alles an sich zu reißen, was in ihre Reichweite kommt. So wie wir manchmal Heuchler in der Religion und Demagogen in der Politik haben, so gibt es gelegentlich Geizhälse unter den Großverdienern. Dies sind jedoch nur Ausnahmen von der allgemeinen Regel. Aber wenn wir in diesem Land solch ein Ärgernis oder Stolperstein wie einen Geizhals finden, erinnern wir uns mit Dankbarkeit daran, dass wir in Amerika kein Erbschaftsgesetz der Erstgeburt haben und dass die Zeit kommen wird, wenn der Besitz zum Wohle der Menschheit aufgeteilt wird. Allen Männern und Frauen sage ich daher gewissenhaft: Verdiene ehrlich Geld, und nicht anders.

Naturwissenschaft, Physik und Astronomie

– **Äquivalenz von Information und Energie.** Von: K.-D. Sedlacek

– **Das Gesetz im Zufall:** Wie sich verborgene Gesetzlichkeit manifestiert. Von: Moritz Cantor u. K.-D. Sedlacek (Hrsg.)

– **Die Transzendenz der Realität :** Spuren einer allumfassenden transzendenten Realität jenseits von Raum und Zeit. Von: K.-D. Sedlacek

– **Einsteins Relativitätstheorie ganz ohne Mathematik.** Spezielle und allgemeine Relativitätstheorie. Von: Prof. Dr. Paul Kirchberger u. K.-D. Sedlacek (Hrsg.)

– **Freizeitvergnügen Sternenhimmel mit bloßem Auge:** Wie man Sternbilder auffindet ohne Instrumente. Von: Prof. Dr. Paul Kirchberger u. K.-D. Sedlacek (Hrsg.)

– **Phänomen Naturgesetze:** Das Geheimnis hinter den Erscheinungen der Welt. Von: K.-D. Sedlacek

– **Supervereinigung:** Wie aus nichts alles entsteht. Von: K.-D. Sedlacek

– **Die Natur psycho-physikalischer Phänomene.** Erforschung telekinetischer Vorgänge. Von: Schrenck-Notzing, A. u. Klaus D Sedlacek (Hrsg.)

– **Giganten der Physik.** Die Top10-Physiker der Menschheitsgeschichte. Von: Klaus-Dieter Sedlacek (Hrsg.)

– **Der allmächtige Informatiker:** Das Mysterium des Universums. Von Sir James Jeans u. K.-D. Sedlacek (Hrsg.)

– **Der verborgene Mechanismus des Weltgeschehens:** Neue Erkenntnisse über die Gestalten biotechnischer Systeme der Welt. Von: Dr. h. c. Raoul Francé u. K.-D. Sedlacek

– **Der erdgeschichtliche Klimawandel:** Den wahren Ursachen von Klimaschwankungen auf der Spur. Von Wilhelm Bölsche u. K.-D. Sedlacek (Hrsg.)

– **Wege zur physikalischen Erkenntnis.** Meine wissenschaftlichen Selbstbiographie, Reden und Vorträge. Von **Max Planck** u. K.-D. Sedlacek (Hrsg.)

– **Leonardo da Vinci:** Seine naturwissenschaftlichen Studien und genialen Erfindungen. Von Hermann Grothe u. K.-D. Sedlacek (Hrsg.).

– **The philosophy of physical science.** By Sir Arthur Eddington.

– **The nature of the physical world.** By Sir Arthur Eddington.

– **Leben in der Warmzeit der Erde.** Aus den Urtagen vor dem heutigen Klimawandel. Von Wilhelm Bölsche und K.-D. Sedlacek (Hrsg.

CHEMIE

– **Der Stein der Weisen:** Wie die Alchemie zur Chemie wurde. Von: Wilhelm Ostwald et. al. u. K.-D. Sedlacek (Hrsg.)

– **Durchblick Chemie:** Praktische Grundlagen und Einführung in die anorganische, organische und Biochemie. Von: Prof. Dr. Lassar-Cohn, Prof. Dr. W. Löb, K.-D. Sedlacek

NATUR- UND PHILOSOPHIE

– **Die letzten Ursachen.** Das Buch der Naturerkenntnis. Von: K.-D. Sedlacek

– **Gebundener Wille:** Wie frei ist menschlicher Wille tatsächlich? Von: K.-D. Sedlacek, G.F. Lipps et. al.

– **Jenseits der Erscheinungen:** Erkennbarkeit und Realität der Quantennatur. Von: Prof. Dr. M. Schlick u. K.-D. Sedlacek (Hrsg.)

– **Kleines Wörterbuch der Natur-Philosophie:** 1200 Begriffe, die man kennen sollte, kurz und prägnant. Von: K.-D. Sedlacek

– **Naturphilosophie:** Das Wesen von Naturgesetzen und die Erklärung des Lebens. Von: Prof. Dr. M. Schlick u. K.-D. Sedlacek (Hrsg.)

– **Vereinbarkeit von Religion und Naturwissenschaft.** Von: Kurd Laßwitz u. K.-D. Sedlacek (Hrsg.)

– **Das Konzept des Guten.** Sinnliches Empfinden – Der Ursprung unserer

BUCHTIPPS

Wertvorstellungen. Von: Klaus-Dieter Sedlacek (Hrsg.)

– Ist echte Erkenntnis möglich? Einführung in die Erkenntnistheorie. Von: Prof. Dr. Erich Becher u. K.-D. Sedlacek (Hrsg.)

– Das individuelle Ich: Was ist der Kern des Selbstbewusstseins? Von: Th. Lipps u. K.-D. Sedlacek (Hrsg.).

– Persönlichkeit und Unsterblichkeit: In welcher Form existiert ein Weiterleben nach dem zeitlichen Ende? Von: Wilhelm Ostwald u. K.-D. Sedlacek (Hrsg.)

– Die idealistischen Grundwerte unserer Kultur. Von Johannes M. Verweyen u. K.-D. Sedlacek (Hrsg.)

– Was sind Wirklichkeiten? Aufgedeckte Naturgeheimnisse. Von Kurd Laßwitz u. K.-D. Sedlacek (Hrsg.)

BEWUSSTSEIN

– Leben nach dem Leben: Befreiung des Bewusstseins von den Fesseln der Zeit. Von: K.-D. Sedlacek

– Quantenbewusstsein. Von: N. Wrobel u. K.-D. Sedlacek

– Synthetisches Bewusstsein. Von: K.-D. Sedlacek

– Unsterbliches Bewusstsein: Raumzeit-Phänomene, Beweise und Visionen. Von: K.-D. Sedlacek

LEBEN UND MEDIZIN

– Leben aus Quantenstaub. Von: N. Wrobel u. K.-D. Sedlacek,

– Was ist Krankheit? Von: N. Wrobel u. K.-D. Sedlacek

– Bewusstsein und Unsterblichkeit. Von: C. L. Schleich u. K.-D. Sedlacek (Hrsg.)

– Die Lebenskraft: Wie Enzyme, Bewusstsein und quantenbiologische Effekte das Leben regulieren. Von: K.-D. Sedlacek u. N. Wrobel,

– Die verborgene Ordnung des Weltsystems. Neue Erkenntnisse über die schöpferischen Kräfte der Natur. Von: Dr. h. c. Raoul Francé u. K.-D. Sedlacek (Hrsg.)

– Homöopathie und Praxis: Naturheilkundliche alternative Medizin für den mündigen Patienten. Von: Dr. med. J. Voorhoeve u. K.-D. Sedlacek (Hrsg.)

– Eine andere Sicht auf die Entstehung der sporadischen Form der Alzheimerkrankheit. Von Norbert Wrobel u. K.-D. Sedlacek (Hrsg.)

– Bleib beweglich und fit ohne Geräte. Leichte ärztliche Zimmergymnastik für jedes Alter. Von Moritz Schreber.

– Plötzlich gesund. Medizinische Wunderheilungen und die Macht organische Leiden psychisch zu beeinflussen. Von Erwin Liek.

PSYCHOLOGIE

– Gestalt-Psychologie: Einführung in die neue Psychologie vom Begründer der Gestaltpsychologie. Von: Prof. Dr. Kurt Koffka u. K.-D. Sedlacek (Hrsg.)

– Die ersten Spuren psychischer Erscheinungen: Das psychische Leben von Mikroorganismen – Eine Studie in experimenteller Psychologie. Von Alfred Binet u. K.-D. Sedlacek (Übers.)

– Allgemeine moderne Psychologie: Systematische Einführung in die Wissenschaft psychischer Prozesse. Von August Messer u. K.-D. Sedlacek (Hrsg.).

– Strahlende Kräfte durch positives Denken: Die Wurzeln des Erfolgs und Wege zum Glück. Von Emil Peters u. K.-D. Sedlacek (Hrsg.)

– Neue praktische Menschenkenntnis. Ein Ratgeber zur Menschenbehandlung mit zahlreichen Bildern und Beispielen. Von Johannes Maria Verweyen.

– Massenpsychologie am Beispiel Jan Bockelsons. Geschichte eines Massenwahns mit einer Einführung von Sigmund Freud. Von Friedrich Reck-Malleczewen u. K.-D. Sedlacek (Hrsg.)

BIOLOGIE

– Wie intelligent sind Pflanzen? Sensationelle Einblicke in die geheime Seite des pflanzlichen Wesens. Von Prof. Dr. phil. Adolf Wagner u. K.-D. Sedlacek

– Über Menschenaffen, Tierseele und Menschenseele: Intelligenzprüfungen an Hominiden. Von Wilhelm Bölsche et. al. und K.-D. Sedlacek (Hrsg.)

GESCHICHTE, VOR- U. FRÜHGESCHICHTE

– Die geheimnisvolle Kultur der alten Kelten. Von Druiden, Fürstensitzen und der Lebensart unserer frühgeschichtlichen Vorfahren. Von Georg Grupp u. K.-D. Sedlacek (Hrsg.)

– Der Alchemist Leonhard Thurneysser: Die Lebensgeschichte des Goldmachers von Berlin. Von Klaus-Dieter Sedlacek (Hrsg.)

– Es begann mit Feuerskraft. Das Werden des Menschen und seiner Kultur. Von Carl W. Neumann u. K.-D. Sedlacek (Hrsg.)

– Gefangen zwischen Eisschollen: Die dramatische Entdeckungsgeschichte der Antarktis. Von Klaus-Dieter Sedlacek (Hrsg.)

RATGEER FREIZEIT U. REISE

– Kultur erleben mit den Wohnmobil in Frankreich: Vierzig kulturelle Highlights, Park- und Übernachtungspätze sowie Navigationskoordinaten. Von Klaus-Dieter Sedlacek

– Kochbuch für ganze Kerle: Kräftige und Feinschmeckergerichte für Freizeit und Camping. Von K.-D. Sedlacek (Hrsg.)

FORSCHUNGSREISEN U. ABENTEUER

– Meine erste Weltumseglung: Tagebuch einer epochalen Expedition. Von James Cook u. K.-D. Sedlacek (Hrsg.)

– Exotische Reise durch Persien: Abenteuerlicher Bericht aus einer fremdartigen Welt des 19ten Jahrhunderts. Von Pierre Loti u. K.-D. Sedlacek (Hrsg.)

– Mit der Beagle um die Welt: Bericht meiner Forschungsreise zum Galapagos-Archipel. Von Charles Darwin u. K.-D. Sedlacek (Hrsg.)

– Peking-Paris im Automobil: Die legendäre 16.000 km – Rallye 1907. Von Luigi Barzini u. K.-D. Sedlacek (Hrsg.)

FANTASTISCHE WELT
ROMANE UND ERZÄHLUNGEN

Bd. 1: **Parallelwelt-Universum und die Suche nach der Weltformel.** Von: K.-D. Sedlacek

Bd. 2: **Marskolonie Eos: und die verschwindende Realität.** Von: K.-D. Sedlacek

Bd. 3: **Korakar: Geheimnisvolles Leben unter ewigem Eis.** Von: K.-D. Sedlacek

Bd. 4: **Die Spur des Dschingis-Khan.** Von: Hans Dominik, K.-D. Sedlacek (Hrsg.)

Bd. 5: **Atlantis: Die Rückkehr der Götter.** Von: Moriz Hoernes, K.-D. Sedlacek (Hrsg.)

SONSTIGE ROMANE

– Prinz Otto oder Der Phönix und die Freiheit: Roman über Intrigen und Macht, Verrat, Hinterlist und wahre Liebe - vom Autor der 'Schatzinsel' und von 'Dr. Jekyll und Mr. Hyde'. Von: Robert Louis Stevenson, K.-D. Sedlacek (Hrsg.), Vito von Eichborn (Hrsg.)

– Herr der Welt. Von: Jules Verne u. K.-D. Sedlacek (Hrsg.)